Druck von Georg Reimer in Berlin.

Die Luftschiffahrt

ihre Vergangenheit und ihre Zukunft

insbesondere das Luftschiff
im Verkehr und im Kriege

Von

H. W. L. MOEDEBECK

**Major und Bataillons-Kommandeur im
Badischen Fußartillerie-Regiment Nr. 14**

Mit 71 Abbildungen

Motto: Wir sind gewohnt, daß die Menschen verhöhnen, was sie nicht verstehen
Faust

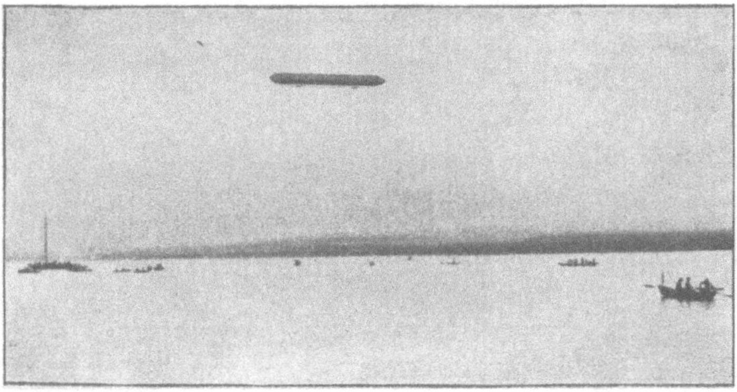

Straßburg
Verlag von Karl J. Trübner
1906

Vorrede.

Vorliegendes Buch ist die eingehendere Ausarbeitung eines Vortrags, den ich im Oktober 1905 in Straßburg i. E. vor dem Offizierkorps der Garnison, vor den Reserve- und Landwehroffizieren und ebenda in der Aubette unter Vorführung der kinematographischen Luftschiffbilder von Gaumont in Paris, dem oberrheinischen Verein für Luftschiffahrt, der Gesellschaft für Erdkunde und Kolonialwesen und dem Vogesenklub gehalten habe.

Von Freunden wurde mir nahegelegt, diesen Vortrag zu veröffentlichen, da es an einem populär geschriebenen Buch über die Luftschiffahrt in der deutschen Literatur fehle.

Der erste Abschnitt behandelt Vergangenheit und Gegenwart der Luftschiffahrt in ihren Hauptzügen, der zweite Abschnitt gibt ein Zukunftsbild, wie man es sich bei logischen Folgerungen aus der Entwicklung bis zur Gegenwart in der Phantasie vorstellen darf. Für die vom Herrn Verleger mit großer Bereitwilligkeit gespendete Ausschmückung des Buches habe ich Originalbilder ausgewählt, die zum großen Teil zum ersten Male veröffentlicht werden. Dem Herrn Verleger sowie denjenigen, die mich hierbei in freundlicher Weise unterstützt haben, spreche ich meinen besonderen Dank aus.

Der Zweck des Buches besteht in Aufklärung und Anregung in betreff des nach jeder Richtung so ausnahmslos lehrreichen Gebiets der Aeronautik. Möge es ihm vergönnt sein, der Luftschiffahrt neue Freunde und Anhänger zu gewinnen!

Straßburg i. E., Januar 1906.

Moedebeck.

Inhaltsverzeichnis.

Seite

I. Die Entwickelung der Luftschiffahrt.

II. Die Zukunft der Luftschiffahrt.

I. Die Entwickelung der Luftschiffahrt.

Einleitung.

Die Luftschiffahrt befindet sich seit dem Monat Oktober 1905 an einem für ihre Entwickelungsgeschichte sehr bedeutungsvollen Wendepunkt, der bezeichnet wird durch die Gründung eines »Internationalen Aeronautischen Verbandes« am 14. Oktober und durch die Einführung des Lebaudy-Luftschiffes in die französische Armee.

Beides sind Tatsachen, die eine schnellere Entwickelung der Luftschiffahrt, auf breiter, gesunder Basis zur Folge haben müssen. Daran knüpft sich ferner die Notwendigkeit einer internationalen gesetzlichen Regelung der Luftschiffahrt, andererseits wird sich der Landmacht und Seemacht in Zukunft eine dritte Genossin, die »Luftmacht« zugesellen, und man wird alsdann auch für die Vaterlandsverteidigung das alte Sprichwort anwenden können: »Aller guten Dinge sind drei!«

Bevor wir aber unseren Blick weiter der vielverheißenden Zukunft zuwenden, wird es nicht uninteressant sein, die bisherige, nunmehr 235 Jahre umfassende Geschichte der Luftschiffahrt in großen Zügen darzustellen; ist sie uns doch ein typisches Beispiel dafür, wie ungeheuer schwer es uns Menschen fällt, die Tragweite einer neuen Erfindung zu erfassen, wie langer Zeit und wie vieler harter Kämpfe es bedarf, um sie zunächst zu bescheidenen, alsdann zu immer glänzenderen Ergebnissen zu führen. Von den Pionieren der Luftschiffahrt, von jenen Übermenschen, die ihr ideales Ziel weit über das eigene Leben stellten, haben leider sehr viele ihr Leben auf der Wahlstatt lassen müssen. Aber der Erfolg ist da, die Opfer waren nicht vergebliche. Auch hier tritt uns die Wahrheit der Worte Schillers vor Augen: »Und setzest du nicht das Leben ein, nie wird dir das Leben gewonnen sein!«

1. Montgolfiers Vorläufer.

Ganz im Gegensatz zu der weitverbreiteten Meinung der Fachingenieure, daß die Erfindung des Luftballons für die Luftschiffahrt ein bedauernswertes Hindernis war, haben die Tatsachen heute erwiesen, daß gerade der Luftballon sie am meisten gefördert hat.

Wir verdanken die Idee dieser Erfindung dem Jesuitenpater Francesco Lana aus Brescia, welcher sie im Jahre 1670 in seinem Werke »Prodromo overo saggio di alcune inventioni nuove premesso all' arte maestra« wissenschaftlich entwickelte und dabei zu dem Vorschlag eines Luftschiffes mit vier luftleer gemachten großen Kupferkugeln gelangte (Fig. 1).

Nachdem Lana alle etwa technisch oder wissenschaftlich möglichen Erwiderungen für die Durchführung des Luftschiffbaues entkräftet hatte, erschrak er aber über die Folgerungen, die sich in sozialer Beziehung aus solcher Erfindung entwickeln konnten, und er stieß schließlich als schlauer Jesuit seine ganze mühsame Arbeit wieder um, indem er schloß:

»daß es nicht scheint, daß Gott es jemals zugeben werde, daß eine solche Maschine mit gutem Erfolge zustande komme, wegen der vielen Folgen, die daraus entstehen möchten — wodurch die bürgerliche Regierung der Menschen beunruhigt werden könnte.«

Dabei spielt er zugleich auch auf die Änderung im Kriegswesen zu Wasser und zu Lande an. Aber sein Gedanke durcheilte die gebildete Welt, er beschäftigte zahlreiche Gelehrte und fand in dem Jesuiten Lourenzo de Guzmão einen Mann, der ihn im Jahre 1709 am königlichen Hofe zu Lissabon in die Tat umsetzte.

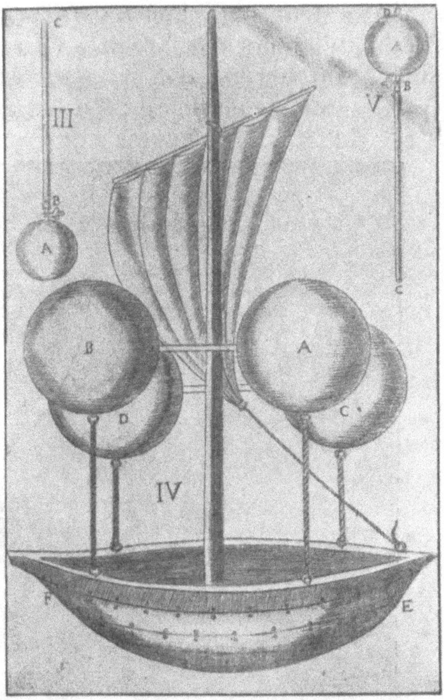

Fig. 1: Pater Francesco Lanas Luftschiff-Projekt. Verkleinerter Kupferdruck seines Werkes »Prodromo overo saggio di alcune inventioni nuove premesso all' arte maestra.«
IV A, B, C, D luftleer gemachte Kupferblechkugeln, E F hölzerne Gondel. — III Füllung einer Kupferblechkugel mit Wasser durch das Rohr bei C. — V Herauslassen des Wassers zur Erzeugung der Luftleere. B Hahn zum Abschließen.

Lourenzo de Guzmão erwarb sich die Gunst und Unterstützung seines Königs durch seine übertriebenen militärischen Vorspiegelungen vom Nutzen seines Luftschiffes. Gerade Portugal mit seinen ausgedehnten überseeischen Besitzungen wäre, wie er hervorhob, ein Land, das solcher Kriegsluftschiffe bedürfe, um schnell Truppen überallhin werfen zu können, und er malte dem Könige eine großartige Weltherrschaft Portugals in der Phantasie vor Augen.

Guzmão war aber zugleich ein guter Geschäftsmann, der sich eine Art Patent auf seine Erfindung erteilen ließ, nach welchem jeder Nachahmer mit Todesstrafe bedroht wurde.

Aus den spärlichen Nachrichten, die uns bei dieser Verheimlichung der Arbeiten Guzmãos nur überkommen sind, geht hervor, daß derselbe in der Tat einen Ballon (Fig. 2) aus leichten Stoffen erbaut und mit Feuer in

Fig. 2: Älteste Abbildung des Luftschiffes des Paters Lourenzo de Guzmão aus D. Valentini Musei Museorum, Frankfurt a. M. 1714. B Steuerruder, C Leib des Schiffes, D zwey Fülgel (Ruder), E zwey Himmelskugeln, die das an sich ziehende Geheimnüß in sich enthalten (Luftballons), F von Eisendraht gemachtes Dach, in Form eines Netzes verfertiget, in dessen Drat-Fäden eine Menge grosser Agsteiner Corällen sollen angefasset werden (Netzknoten), G Luftschiffer, H Magnetnadel.

die Luft getrieben habe. Der Versuch entsprach aber nicht den hochgeschraubten Erwartungen, und damit fiel der Mann mitsamt seinem Werke in Ungnade. Er wurde schließlich von der Inquisition verfolgt und starb elend im Exil.

Eine deutsche Zeitung von der Naumburger Messe aus dem Jahre 1709, welche eine erdichtete Geschichte einer Luftfahrt Guzmãos am 24. Juni von Portugal nach Wien erzählt, schließt charakteristisch mit dem Postskriptum:

»So gleich erfahre / daß gedachter Luft-Schiffer als ein Hexen Meister in verhafft genommen sey / und wol dürfte / nebst seinem Pegaso ehester Tage verbrandt werden / vielleicht damit diese Kunst / welche / wenn sie gemein werden sollte / große Unruhe in der Welt verursachen könnte / unbekannt bleiben möge.«

2. Die Erfindung des Luftballons.

Die Welt kam eine Zeitlang zur Ruhe über diese Erfindung, bis Joseph Montgolfier (Fig. 3) durch die die damalige Gesellschaft lebhaft interessierende Belagerung von Gibraltar angeregt wurde, darüber nachzudenken, wie man wohl in die Festung hineinkommen könnte. Sein Ideengang führte ihn dabei auf den Rauch der Schornsteine, den man, wie er sich dachte, einschließen müsse. Versuche im kleinen, Papierballons mit Rauch zu füllen, die in der eigenen Papierfabrik leicht herzustellen waren, gaben ein überraschendes, die Richtig-

Fig. 3: Joseph de Montgolfier nach einem Kupferstich von Boissieu. Geb. 26. August 1740 zu Vidalon bei Annonay, gest. 26. Juni 1811 zu Balaruc.

Fig. 4: **Erste Luftreise von Pilâtre de Rozier und Marquis d'Arlandes** in einer Montgolfière vom Jardin de la Muette am 21. September 1783. Nach einer Zeichnung von de Lorinier gestochen von de Launey.

keit des Gedankens bestätigendes Resultat. Der Ballon war somit erfunden.

Es ist sehr interessant, festzustellen, wie von der ersten Erfindungsgeschichte an beim Luftballon lediglich militärische Beweggründe vorherrschen.

Die große Begeisterung, welche die Erfindung anfangs in Paris (Fig. 4) und in der ganzen Kulturwelt hervorrief, machte begreiflicherweise sehr bald einer großen Enttäuschung Platz. Montgolfier wäre es wahrscheinlich nicht viel besser ergangen wie Guzmão, wenn er jemals irgend etwas versprochen gehabt hätte. Die Brüder Montgolfier waren aber wohlhabende und bescheidene Leute, die nur zeigten, was sie erfunden hatten, und es anderen überließen, alle möglichen und unmöglichen Folgerungen aus dieser Erfindung zu ziehen.

Fig. 5: **Jacques Alexandre Charles,** Erfinder des Wasserstoffballons. Geb. 12. November 1746 in Beaugency, gest. 7. April 1823 in Paris.

Noch bevor die Montgolfiers in Paris den Luftballon ihrem Könige Ludwig XVI. vorstellen konnten, hatte der Physiker Charles in Paris (Fig. 5) mit den Mechanikern Roberts zusammen sie bereits verbessert durch die Erfindung des Wasserstoffballons.

Die Unkenntnis darüber, daß Charles nicht nachahmte, sondern verbesserte, hatte schwere Verleumdungen für den gelehrten Physiker zur Folge. Man bezichtigte ihn, er wolle Montgolfier die Ehre der Erfindung streitig machen. Nachdem sich aber gezeigt hatte, daß die Montgolfieren nicht bloß feuergefährlich, sondern nebenbei auch für eine Luftschiffahrt ganz ungeeignet waren, weil sie nur zu kurze Zeit bei einer Ballonfahrt unterwegs sein konnten, beim Landen außerdem mit ihrer heißen Stoffhülle die Mitfahrenden gewöhnlich überdeckten und dadurch zu ersticken drohten und schließlich nur einmal zu benutzen waren, weil der Stoff durch die Hitze des Feuers mürbe wurde, da kam Charles' Gasballon zu der ihm gebührenden Anerkennung. Er hatte mit Roberts zusammen am 1. Dezember 1783 eine Fahrt von den Tuilerien aus gemacht (Fig. 6), war in der Ebene von Nesles gelandet und, nachdem M. Roberts ausgestiegen, nochmals allein hochgefahren. Auf Wunsch des von Paris nachgerittenen Herzogs v. Chartres landete Charles alsdann noch einmal, genau eine halbe Stunde nach dieser zweiten Auffahrt.

Damit hatte der gelehrte Physiker klar bewiesen, daß sein Gasballon weitere und höhere Reisen machen konnte als die Montgolfieren, und daß er selbst nach einer Landung noch zu weiteren Fahrten gebrauchsfähig blieb.

Die Benutzung von Mongolfieren wurde dann auch von Staats wegen durch eine Polizeiverordnung vom 17. Mai 1784, also knapp ein Jahr nach ihrer Erfindung, verboten. Die nachträglichen Auffahrten solcher Montgolfieren in den Provinzstädten (wie unter anderen auch die von Adorn und Degabriel und Pierre in Straßburg) geschahen mit ausnahmsweiser Genehmigung der Obrigkeit.

3. Der lenkbare Ballon ist eine Utopie!

Das Unbefriedigtsein der an der Erfindung regen Anteil nehmenden Bevölkerung machte sich indes immer mehr geltend. Man hatte geträumt, die Luft nach

Belieben durchfliegen zu können, und fand nun beim Erwachen noch so zahlreiche Schwierigkeiten vor. Eine

Fig. 6: **Die erste Luftreise im Wasserstoffballon von Charles und Robert** vom Jardin des Thuileries am 1. Oktober 1783. Nach einem Kupferstich von Berteaux.

endlose Schar Erfinder hatte ihre Gedanken bereits ohne Erfolge erschöpft. Überall traten Mißerfolge und

Enttäuschungen bei allen praktischen Versuchen zutage. Das sehnsüchtige Verlangen nach dem lenkbaren Luftschiff ging allmählich in eine ungeduldige Forderung über.

Die ganze Hoffnung der gelehrten Welt und die des Volkes klammerte sich zuletzt an die wissenschaftlich mit großer Sorgfalt eingeleiteten Versuche des

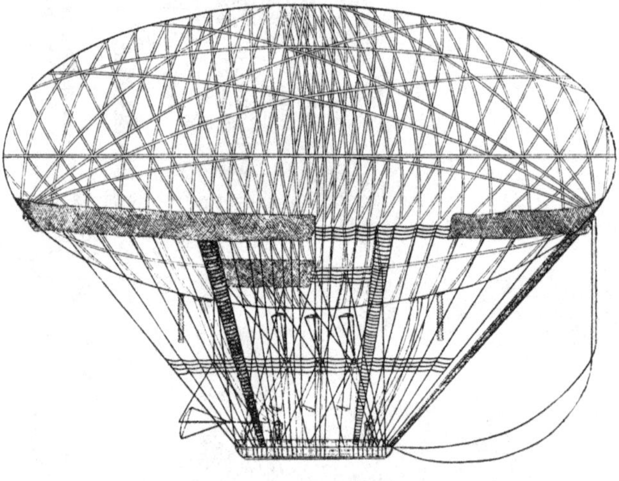

Fig. 7: **General Meusniers Luftschiff-Projekt** aus dem Jahre 1783.

Herzogs von Chartres, die von den Mechanikern Gebrüder Roberts ausgeführt wurden und den Physiker Charles sowie den Ingenieur-Offizier Meusnier zu ihren intellektuellen Mitarbeitern hatten.

Namentlich der letztere hatte sich durch seine Arbeiten über die Gesetze des Ballonfahrens, über Ballonstoffe und Firnisse, über die Erhaltung der Ballonform mittels des von ihm erfundenen inneren Luftballonets und über die Stabilität länglicher Ballons große Verdienste um die Förderung der Luftschiffahrt erworben. Man kann ihn als den ersten großen Techniker der Aeronautik bezeichnen, der die wissenschaftlichen Grundlagen für sie schuf aber dabei von weiteren Kreisen leider nicht verstanden wurde.

Er projektierte auch ein Luftschiff (Fig. 7) und erfand für dessen Fortbewegung die Luftschraube, welche er unter der Bezeichnung »sich drehende Ruder« einführte. Fast ein Jahrhundert hindurch fielen seine teilweise noch heute gültigen und angewandten Lehren der Vergessenheit anheim, und erst in neuerer Zeit sind sie gebührend wieder gewürdigt worden.

Als aller aufgewandten Wissenschaft und Kunst zum Trotz auch der längliche Ballon des Herzogs von Chartres bei seinen Auffahrten am 15. Juli und 19. September 1784 vom Schloßgarten von St. Cloud aus kein Resultat aufwies, kehrten schließlich auch die Besten der Sache den Rücken zu und es entstand eine neue Lehre, die mit dem fliegenden Wort in die Welt hinausposaunt wurde: »Das lenkbare Luftschiff ist eine Utopie!« Paris wandte bereits 1785 sein Interesse ausschließlich dem Magnetiseur Mesmer zu. Nur in der französischen Provinz und in allen anderen Ländern des europäischen Kontinents traten noch aeronautische Nachwehen auf, die sich der erste französische Reklameluftschiffer Blanchard als gutes Geschäft zunutze zu machen wußte. Blanchard bereiste alle größeren Städte, um die französische Kunst mit Eleganz vorzuführen.

Mit welchem Pomp die Blanchardschen Aufstiege damals vonstatten gingen, zeigt auf beifolgendem Bilde (Fig. 8), das einen uns erhaltenen alten Kupferstich wiedergibt, ein Aufstieg in Lüttich. Damals hatte das Militär Spalier zu bilden, um die nicht zahlenden Zuschauer abzuhalten; die Honoratioren, welche die Kosten des Ballonfahrers aufbringen mußten, konnten in der Mitte Platz nehmen.

Blanchard nahm außer vielen Louisd'ors zahlreiche Huldigungen entgegen. Ihn hielt man vielerorten bald für den Erfinder des Luftballons, kurzum man kann sagen, er war der einzige Mann, dem die Erfindung des Luftballons nichts gekostet, sondern dem sie im Gegenteil Geld und Ehren eingebracht hat. Blanchard war also nichts weiter als ein aeronautischer Mime, mit dessen Tode auch das allgemeine Interesse für den Luftballon außerhalb Frankreichs allmählich zu Grabe ging.

Noch einmal kam eine große ruhmvolle Zeit, als die Revolutionskriege Frankreich zur höchsten Machtentfaltung zwangen. Man scheute die Kosten nicht, gründete 1794 die erste Luftschifferkompagnie und sandte sie mit dem Fesselballon dem General Joubert, der in der Festung Charleroi belagert wurde. In der Schlacht bei Fleurus (Fig. 9), wo der Divisionsgeneral Morin in der Gondel Platz nahm, soll der Ballonbeobachter gute Dienste geleistet haben, indem er Joubert gestattete, jederzeit seine Reserven richtig und pünktlich einzusetzen, abgesehen von dem moralischen Eindrucke, den sein Erscheinen auf Freund und Feind ausübte. Sobald aber der Krieg beweglicher wurde, traten bei dem damaligen schwerfälligen, umständlichen Train die Leistungen des Fesselballons völlig in den Hintergrund. Der General Hoche veranlaßte daher, daß die letzte Luftschifferkompagnie, die monatelang untätig in Rupprechtsau bei Straßburg in Quartieren lag, 1799 vom Kriegsminister aufgelöst wurde.

Fig. 8: **Die 14. Luftreise von Blanchard in Begleitung des Chevalier Lepinard zu Lüttich** am 26. August 1788.
Nach einem Gemälde von L. Watteau gestochen von Helman.

Nach allen diesen Erfahrungen hatte man mit dem Luftballon endgültig abgerechnet. Man überließ ihn den Akrobaten. Wagte es irgend ein verständiger Mensch, die Frage der Lenkbarkeit wieder aufzurollen, so wurde er als geistesschwach oder irrsinnig, zum mindesten als nicht ganz normal veranlagt erklärt. Und das war

Fig. 9: Der Fesselballon in der Schlacht bei Fleurus am 26. Juni 1794.
Nach einer Zeichnung von Raffet gestochen von Frilley.

durchaus erklärlich; mit den damaligen unvollkommenen mechanischen Mitteln konnte man in der Tat kein lenkbares Luftschiff, wie wir uns ein solches vorstellen, erbauen.

Als aber Eisenbahnen und Dampfschiffe anfingen den Verkehr zu beherrschen, lag es nahe, auch der Frage näherzutreten, ob man mit demselben mächtigen Triebmittel, der Dampfmaschine, nun nicht auch ein Luftschiff erbauen könnte oder, wie es üblich wurde zu sagen, »das Problem der Lenkbarkeit lösen könnte«.

4. Die Entwickelung der Luftschiffahrt im XIX. Jahrhundert.

Henry Giffard (Fig. 10), ein genialer französischer Ingenieur, der die Dampfmaschine durch Erfindung des Injektors wesentlich verbessert hatte und durch sein Patent hierauf in den Besitz von genügenden Geldmitteln gelangt war, hatte die Kühnheit, das Experiment zu wagen, eine Dampfmaschine mit einem Gasballon zu vereinigen. Kühnheit muß man es nennen, wenn man bedenkt, daß hier ein mit Kohlenfeuerung versehener Kessel in ziemlich nahe Verbindung mit einem leichtentzündlichen und explosiblen Körper gebracht wurde. Die Versuche fanden 1852 mit nicht befriedigendem Resultate statt. Giffard wiederholte sie 1855 mit einem noch längeren Zigarrenballon, der indes bei der Landung infolge des Zusammenziehens und Hinfließens des Gases nach einer Ballonspitze mit einem Unglücksfall endete, welcher beinahe dem kühnen Erfinder das Leben gekostet hätte. Etwa 50 m über dem Erdboden glitten Netz mit Gondel von dem sich aufwärts richtenden Ballonkörper ab. Letzterer zerplatzte nach einigen Augenblicken Freiheit in der Luft.

Fig. 10: **Henry Giffard.** Geb. am 18. Januar 1825 zu Paris. Erbauer des ersten Dampfluftschiffes 1852 und der großen Fesselballons der Weltausstellungen zu London 1865, Paris 1867 und 1878. Erfinder des Injektors der Dampfmaschine.

Dieser Versuch gab aber wieder zahlreichen Menschen

Veranlassung, sich mit dem Problem zu beschäftigen, wie eine umfangreiche Literatur über Luftschiffe und Flugmaschinen in dem sechsten Dezennium des vorigen Jahrhunderts es beweist.

Das Ergebnis dieser theoretischen Grübeleien war ein Kampf von Vertretern zweier Konstruktionsprinzipien. Die eine Partei hielt die Lösung des Problems mit Hülfe des Luftballons für den durchaus sicheren und zuverlässig zum Ziele führenden Weg, während die andere vornehmlich auf Maschinen-Ingenieure sich stützende Partei das »Plus lourd que l'air« als Wahlspruch auf ihre Fahne schrieb und mit allen Mitteln nachzuweisen suchte, daß nur in der Flugmaschine ohne Ballon die Luftschiffahrt der Zukunft angestrebt werden dürfte. Die Vertreter der letzteren Richtung behaupteten nämlich, daß der Ballon viel zu viel Widerstand der Luft gegenüber böte, um mit genügender Geschwindigkeit, d. h. um nach allen Richtungen hin willkürlich mit solchem Luftschiff fahren zu können. Sie behaupteten ferner, daß der Ballon leichter als die Luft wäre, ein Fahrzeug aber, das man gegen den Wind bewegen wolle, müsse wie ein Flugtier Gewicht haben. Bezüglich der letzteren Behauptung übersahen sie, daß dieses »leichter als die Luft« beim Luftballon ein Trugschluß ist. Das volle Gewicht der Masse eines Luftballons kommt bei jeder Bewegung ebenso als lebendige Kraft zur Wirkung wie bei einem Eisenbahnzug auf der Erde oder bei einem Schiff auf dem Wasser. Dieses Eigengewicht stellte beim ersten Luftschiff des Grafen von Zeppelin z. B. 10200 kg vor, eine jedenfalls ganz beachtenswerte Zahl, die bei der erlangten Eigengeschwindigkeit von 7 m per Sekunde eine lebendige Kraft von rund 25000 mkg ergibt. Wir besitzen die Erfahrung, daß schon unsere gewöhnlichen Kugelballons, gegen Schornsteine anfahrend, diese herunterreißen; man mag sich vorstellen, was wir in Zukunft erwarten können, wenn ein havariertes großes Luftschiff bei starkem Wind gegen einen Kirchturm oder gar gegen den Straßburger Münsterturm antreibt. Und welche rechtlichen Schwierigkeiten werden sich aus solchen immerhin möglichen Vorkommnissen bei so gewaltigen Schäden ergeben?

Fig. 11: Pterodactylus ornithostoma, das größte Flugtier der Vorwelt.
Nach einer Darstellung von Prof. S. W. Williston der Universität in Kansas.

Selbstredend wird das Luftschiff dabei mit zu Schaden kommen und zerschellen.

Den Vertretern der dynamischen Flugmaschine wurde andererseits sehr mit Recht die geringe Fahrsicherheit ihres Zukunftsfahrzeuges entgegengehalten. Ohne Zweifel wird ein plötzliches vorübergehendes Versagen ihrer Maschine — und solche Fälle kommen erfahrungsmäßig vor — fast stets zur schlimmsten Katastrophe und vielleicht sogar zum Tode der Insassen führen. Es ist auch ganz falsch, die Natur als Vorbild anzuführen mit Hinweis auf den Vogel. Der Motor des Vogels, seine Muskelkräfte, setzen niemals aus und sein Steuermann, sein Gehirn, weiß stets sich sofort allen Verhältnissen anzupassen. Wo findet man solche Vollkommenheit bei einem Menschenmachwerk? Die Vögel sind ferner verhältnismäßig kleine Geschöpfe. Das größte Flugtier, das jemals in der Vorwelt auf der Erde existiert hat, der Pterodactylus ornithostoma (Fig. 11), hatte fledermausartige Hautflügel von je 3 m Länge und vermochte trotz einer Tragfläche von 2,3 qm nur ein Körpergewicht von 15 kg zu tragen, während unser heutiger größter Vogel, der Kondor, bei 0,9 qm Tragfläche nur 8,8 kg Körpergewicht hat. Das ergibt für den Menschen eine Tragfläche von 10 bis 15 qm, wie solche auch von dem Berliner Ingenieur Otto Lilienthal durch Experimente als erforderlich ermittelt worden war. Aber der Mensch hat nicht die Kraft, solche Flächen wie ein Flugtier zu bewegen! Belastet er sich andererseits mit Motoren, so muß entweder die Bewegungsgeschwindigkeit oder die Tragfläche ins Unermeßliche wachsen, damit er sich in der Luft fliegend erhalten kann.

Fig. 12: **Nadar**, der bedeutendste Verbreiter für das »plus lourd que l'air«.

Damals, im Jahre 1863, befehdeten die Anhänger der Flugmaschinen in Paris unter Nadar (Fig. 12) sehr heftig die Vertreter der aerostatischen Luftschiffe. Aber auch diese Bewegung, die ihren Höhepunkt während der Londoner Weltausstellung 1865 erreichte, flaute ab, als man zur Erkenntnis kam, daß der leichte Motor, für derartige Flugmaschinen die »conditio sine qua non«, noch fehle.

War nun auch damals noch keine Klarheit über das Wesen und die Zukunft der beiden aeronautischen Richtungen gewonnen, eine gute Aufgabe erfüllten diese Kämpfe der Ideen: sie führten die Gleichgesinnten zur Bildung von Luftschiffahrtsvereinen zusammen und sorgten so für eine fortgesetzte belehrende Pflege dieser eigenartigen Wissenschaft, dieser himmlischen Technik.

5. Die Einwirkung des Krieges 1870/71 auf die Entwickelung der Luftschiffahrt.

Eine neue bedeutsame Etappe für die Entwickelung der Luftschiffahrt in der ganzen Welt finden wir sodann durch die Ballonpost hervorgerufen, die in Verbindung mit Brieftauben während der Belagerung von Paris 1870/71 organisiert wurde. Das war ein großartig improvisiertes Unternehmen, welches moralisch, materiell und militärisch den Belagerten zu großem Vorteil gereichte. 65 Ballons mit 164 Personen, 381 Brieftauben, 5 Hunden und 10675 kg Postsachen wurden aus Paris herausgelassen. Von den 95587 Telegrammen, die nach Paris zurückgesandt wurden, kamen 60000 daselbst an. Es wurde damit eine Einnahme erzielt von 432524 Francs, während die Ausgabe für die Beschaffung der Ballons etwa die Hälfte dieser

Fig. 13:
Ingenieur Paul Haenlein,
Erfinder und Erbauer des ersten deutschen Luftschiffes mit Gasmotor 1872.
Geb. 17. Oktober 1835 in Mainz, gest. 27. Januar 1905 in Mainz.

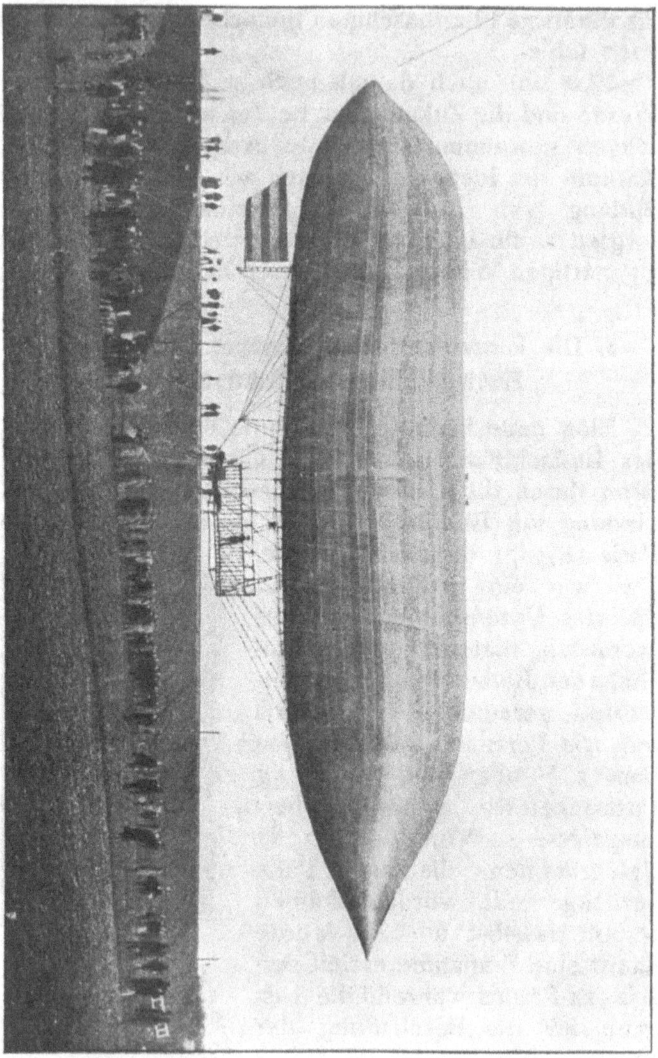

Fig. 14: **Das lenkbare Luftschiff von Haenlein beim Versuch in Brünn** im Dezember 1872.
Nach einer Photographie.

Fig. 15: Oberst Charles Renard,
Erbauer des Luftschiffes »La France« und hervorragender Förderer der Luftschiffahrt im 19. Jahrhundert. Geb. 23. November 1847 in Damblain (Vosges), gest. 13. April 1905 in Paris.

Summe betrug. Aber ein Mangel machte sich während der Belagerung in unbequemer Weise fühlbar, man vermochte keinen Menschen in die belagerte Festung zurückzubringen. Auch hierin sollte Wandel geschaffen werden. Der Marine-Ingenieur Dupuy de Lôme erhielt von der Regierung 40000 Frcs. überwiesen mit dem Auftrage, ein l e n k b a r e s L u f t s c h i f f zu erbauen.

Dupuy de Lôme wurde zwar mit seinem Bau 1871 nicht mehr fertig und hatte auch beim Versuch 1872 mit einem nur durch acht Menschen bewegten Luftschraubenmotor keinen besonderen Erfolg, aber die Luftschiffahrt selbst zog daraus drei Vorteile:

erstens barg der staatliche Auftrag zum Bau eines lenkbaren Luftballons die offizielle Anerkennung von der Möglichkeit desselben;

zweitens wurde es durch diesen französischen Versuch dem deutschen I n g e n i e u r H a e n l e i n (Fig. 13) aus Mainz ermöglicht, kapitalkräftige Leute zu finden, um sein eigenes Luftschiffprojekt, das bezüglich Genialität der Erfindung der damaligen Zeit weit vorauseilte, in Wien zu erbauen (Fig. 14);

drittens wurde wenige Jahre später die Militärluftschiffahrt in England, Deutschland und Frankreich wieder

Fig. 16: **Das Luftschiff »La France« von Renard und Krebs** über dem Park von Chalais-Meudon 1884, welches zum ersten Male die Möglichkeit der Lenkbarkeit bewies, indem es bei sieben Versuchsfahrten fünfmal zu seinem Aufstiegsort zurückflog.

aufgenommen, und es gelang in letzterem Lande dem Hauptmann Charles Renard (Fig. 15), mit einem durch Gambetta ihm zugewiesenen Fond von 200000 Frcs. 1884 den offiziellen Beweis dafür zu erbringen durch die Fahrten seines Luftschiffes La France (Fig. 16), daß das geflügelte Wort von der Utopie des lenkbaren Ballons ein Unsinn geworden war. Das Luftschiff war möglich, es war lediglich eine Geld- und Zeitfrage, um zu dem erwünschten Resultate zu kommen, wenn man die erforderlichen Intelligenzen für die Arbeit besaß.

Wir sehen, wie auch hier wie so oft der Krieg zum größten Kulturförderer wird. »Not bricht Eisen!« und »Not macht erfinderisch!« Die höchste Energie der Völker findet ihren Ausdruck nur allein in der Sorge um ihr Dasein und im Kampfe um ihr Dasein. Alle Erfinder waren sich aber auch klar darüber, daß das größte Interesse am Luftschiff die Armee nehmen müsse. Die Erfindung eines Luftschiffes wurde nach dem Kriege von 1870/71 als eine durchaus patriotische Tat angesehen.

6. Die Entwickelung der Luftschiffahrt in Deutschland.

Nachdem bei uns in Berlin die 1872 beim Garde-Pionier Bataillon angestellten Versuche mit militärischen Fesselballons bald wieder aufgegeben waren, weil die Resultate in der feldmäßigen Wasserstoffbereitung nicht den gestellten Erwartungen entsprachen, verbreitete sich bei einzelnen patriotisch denkenden Männern in Deutschland nach Bekanntwerden der Nachricht, daß Gambetta 1878 bedeutende Fonds für die Luftschiffahrt bewilligt habe, die Befürchtung, wir möchten im Rückstande bleiben. Damals bauten der Oberförster Baumgarten und der Buchhändler Dr. Wölfert auf eigene Kosten längliche, mit Lenkungsmitteln versehene Luftschiffe, die sie öffentlich, unter anderem auch in der Flora in Charlottenburg, vorführten. Alle diese Umstände trugen dazu bei, daß sich in Berlin im Jahre 1879 um den Schriftsteller Dr. Wilhelm Angerstein (Fig. 17) die Anhänger der Luftschiffahrt, zunächst allerdings nur wenige, gruppierten. Im Sommer, am 31. August 1881 faßten diese dann den Entschluß, mit der Gründung eines Vereins für Luftschiffahrt in die Öffentlichkeit zu treten. Der Ingenieur Broszus berief am 8. September 1881 in ein Restaurant in der Lindenstraße Nr. 105 zu Berlin eine Versammlung, die in der Gründung des »Deutschen Vereins zur Förderung der Luftschiffahrt« den ersten Keim zur Entwickelung der Luftschiffahrt in Deutschland legte.

Das ideale Ziel des anfangs nur aus 17 Mitgliedern bestehenden Vereins war natürlich das »lenkbare Luftschiff«. In den ersten Vereinssatzungen lautete der

Fig. 17:
Dr. Wilhelm Angerstein,
Begründer des Deutschen Vereins zur Förderung der Luftschiffahrt in Berlin.
Geb. 20. August 1835 in Berlin, gest. 30. April 1893 in Berlin.

§ 2:

»Der Zweck des Vereins ist im allgemeinen, die Luftschiffahrt in jeder Weise zu fördern, sowie darauf hinzuarbeiten, daß die Lösung des Problems der Herstellung lenkbarer Luftschiffe mit allen Kräften unterstützt wird, im besonderen aber eine permanente Versuchsstation zu unterhalten, um alle in bezug auf die Luftschiffahrt auftauchenden Erfindungen zu prüfen und zu verwerten.«

In den Flitterwochen des jungen Vereins schlugen die Pulse der Begeisterung sehr hoch.

Der Vorsitzende, Dr. W. Angerstein, hatte Seiner Majestät dem Kaiser die Begründung des Vereins in einer Immediat-Eingabe unterbreitet und erhielt hierauf von S. Exzellenz dem Kriegsminister, General der Infanterie v. Kamecke, nachfolgendes Schreiben:

Berlin, 2. November 1881.

Des Kaisers und Königs Majestät haben Ihre Immediat-Eingabe vom 15. Oktober d. J., worin Sie Allerhöchstdemselben die Gründung eines Deutschen Vereins zur Förderung der Luftschiffahrt anzeigen, an das Kriegsministerium abgeben zu lassen geruht.

Indem ich Ew. Wohlgeboren hiervon ergebenst benachrichtige und zugleich mit Bezug auf das an mich gerichtete gefällige Schreiben vom 15. Oktober d. J. meinen Dank sage für die Mitteilung der Statuten dieses Vereins, füge ich ebenmäßig hinzu, daß diesem Verein ein Mitglied des Ingenieur-Komitees als Mitglied beitreten wird.

Der Kriegs-Minister.
G. v. Kamecke.

Eine erhebende Aufmunterung fand das ideale Streben des Vereins durch die Antwort des greisen Feldmarschalls von Moltke an den Verein, welche folgenden Wortlaut hatte:

Berlin, 14. November 1881.

Euer Hochwohlgeboren danke ich verbindlichst für die gefällige Mitteilung der Statuten des hier ins Leben getretenen »Deutschen Vereins zur Förderung der Luftschiffahrt«.

Die Lösung des Problems der freien Luftschiffahrt wird heute als etwas Unmögliches nicht mehr angesehen, sie erscheint nur als eine Frage der Zeit und nahegerückt, sobald es gelungen sein wird, einen brauchbaren Motor zu schaffen. Nächstdem bleiben aber noch eine Menge anderer für das Gelingen wichtiger Vorfragen zu erörtern. Zu deren Beantwortung können Vereine sachverständiger Männer, die rationelle Versuche anregen, ausführen und die gewonnenen Anhaltspunkte zum wissenschaftlichen Gemeingut für weitere Verwertung machen, sehr günstig wirken.

Indem ich dem Deutschen Verein zur Förderung der Luftschiffahrt bestes Gedeihen wünsche, spreche ich zugleich gern aus, daß ich die Wirksamkeit desselben mit Interesse verfolgen werde.

Der General-Feldmarschall.
H. v. Moltke.

Aber dem jungen Verein fehlte zu dem, was er wollte, die Hauptsache, nämlich das Geld. Diese Erkenntnis kam ihm bereits mit dem Aufruf zur Unterstützung des Baumgarten-Wölfertschen Unternehmens vom 25. März 1882, der nicht den erwünschten Erfolg aufwies. Ebenso blieb die geplante Versuchsstation, für welche Hauptmann Buchholtz vom Eisenbahn-Regiment und Ingenieur Broszus recht fleißige und verständige Entwürfe gemacht hatten, lediglich auf dem Papier. Man mußte sich damit bescheiden, den zahlreichen hilfesuchenden Erfindern nur mit Rat beizustehen und alle Vereinsmittel zur Erhaltung der »Zeitschrift des Deutschen Vereins zur Förderung der Luftschiffahrt« aufzuwenden, um wenigstens diese neue Erscheinung der deutschen Literatur, die berufen war, ein gemeinsames belehrendes Organ für alle Interessenten zu bilden, unterhalten zu können.

Nach der Organisation unserer preußischen Luftschiffer-Abteilung im Juni 1884 schien aber der Verein zur Förderung der Luftschiffahrt gänzlich überflüssig zu sein. Die Vereinstätigkeit ermattete sichtlich; es hatte den Anschein, als hätte er alle seine Hoffnungen und Bestrebungen nunmehr auf die Luftschiffer-Abteilung übertragen.

Diesem Übelstande mußte abgeholfen werden! Die Militär-Aeronautik folgt in ihren Arbeiten den ihr vorgeschriebenen Direktiven, welche nach rein militärischen Gesichtspunkten aufgestellt werden.

Die Bedeutung großer Fachvereine bleibt aber neben einer solchen offiziellen Staats-Einrichtung andauernd bestehen. Sie bilden die großen Sammelbecken für alle diejenigen, die ein wahrhaft warmes Interesse an der Luftschiffahrt nehmen. Sie geben jedem Gebildeten die Möglichkeit, sich mit den Eigenheiten der Aeronautik vertraut zu machen. In annähernd geometrischer Progression wachsen durch sie die Beziehungen der Bevölkerung zur Luftschiffahrt, und es werden ihr nicht nur Freunde erworben, sondern, was noch viel wichtiger, wenn auch seltener ist, es werden aus ihnen heraus tatkräftige Förderer für die Sache gewonnen. Nur in den Vereinen kann die Luftschiffahrt sich nach allen

Richtungen hin frei entwickeln; sie bilden ein wertvolles Unterpfand für die Zukunft der Luftschiffahrt und können in Zeiten der Gefahr auch der Landesverteidigung von erheblichem Nutzen werden; letzteres ganz besonders, wenn man es sich angelegen sein läßt, sie nach dieser Richtung hin verständig zu beeinflussen. Auf jeden Fall muß solch ein Verein weitsichtig und zielbewußt geleitet werden. Was heute gut war, kann morgen schlecht sein und muß übermorgen besser werden!

Mancherlei Umstände wirkten zusammen, um damals den Verein ganz allmählich auf das Gebiet der wissenschaftlichen Erforschung der höheren Luftschichten hinzudrängen.

Der erste Kommandeur der Luftschiffer-Abteilung, Major Buchholtz, veranlaßte mich, nach den ersten ruhmvollen Versuchen des französischen Luftschiffes La France in Meudon im Jahre 1884, mit dem Meteorologischen Institut in Berlin, damals noch eine Abteilung des statistischen Bureaus, Fühlung zu nehmen, um aus der Kenntnis der Windstärken an den Versuchstagen sich ein Urteil über die Leistungen jenes Luftschiffes zu bilden. Es wurde uns damals klar, daß wir über die Wettervorgänge in den höheren Luftschichten viel zu wenig wußten. Zur Besserung dieses traurigen Zustandes mußten einerseits die Meteorologen mit dem Luftschiffer-Verein in Verbindung gebracht werden, andererseits mußten die hartnäckigen Erfinder lenkbarer Luftschiffe im Verein davon überzeugt werden, daß sie sich zunächst einmal nach den Windverhältnissen im Luftozean umschauen müßten. Durch einige Vorträge, die Dr. Angerstein, Major Buchholtz, Oberleutnant Brug und ich über Meteorologie, Benutzung der Luftströmungen für die Luftschiffahrt und über zukünftige Ziele des Vereins hielten, gelang es allmählich den Umschwung der Vereinsbestrebungen nach der meteorologischen Richtung hin vorzubereiten.

Die Begründung des Meteorologischen Instituts in Berlin unter Professor v. Bezold gab aber unseren Bemühungen erst das erforderliche fachwissenschaftliche Relief, denn infolge der erwähnten Beziehungen, die ich in dienstlichem Interesse mit den Vertretern der Wetterkunde zu unterhalten hatte, keimte bei denselben erfreulicherweise das Interesse für den Luftschiffahrts-Verein immer kräftiger empor, so daß wir nunmehr bald in der Lage waren, einen meteorologischen Kurs einschlagen zu können.

Für den neuen meteorologischen Kurs fand sich aber in Professor Aßmann (Fig. 18) in Berlin ein Mann, der nicht bloß mit vielem Eifer und mit rastloser Hingabe, sondern auch mit Geschick und Energie die Führung des Berliner Vereins 1889 in die Hand nahm. Der Erfolg konnte nicht ausbleiben! Die Koryphäen der Wissenschaft, Helmholtz, Siemens und andere, waren häufige Besucher der Sitzungen des Vereins. Man raffte die Groschen zusammen, man petitionierte überall um Subventionen, man erhielt Geld, man machte Versuche und man kam vorwärts.

Fig. 18:
Dr. med. et phil. Rich. Aßmann,
Geh. Regierungsrat und Professor, Direktor des Aeronautischen Observatoriums in Lindenberg. Geb. 13. April 1845 in Magdeburg.

Diese meteorologische Epoche hatte ihren Glanzpunkt erreicht, als 1892, infolge der großartigen Munifizenz Seiner Majestät des Kaisers, der überall in tatkräftiger Weise alle Bestrebungen der Wissen-

Fig. 19:
Seine Majestät der Kaiser Wilhelm II. bespricht auf dem Übungsplatze der Luftschiffer-Abteilung in Schöneberg die Förderung der wissenschaftlichen Luftschiffahrt.

schaften in huldvollster Weise fördert, dem Vereine für wissenschaftliche Luftfahrten die Summe von 50000 M. überwiesen wurde. Mit diesen Mitteln wurden die 75 Fahrten der Ballons Humboldt und Phönix unternommen, ausgeführt vornehmlich von den Mitgliedern Berson, Hauptmann Groß und Dr. Süring, welche die Wetterkunde in ganz neue Bahnen lenkten. Das klassische Werk: Aßmann-Berson, Wissenschaftliche Luftfahrten, setzt diesen Allerhöchsten Anregungen und ihren Erfolgen, die einen neuen Ausgangspunkt in der aeronautischen Meteorologie bedeuten, ein würdiges Denkmal (Fig. 19).

Die Folgen zeigten sich in der im Jahre 1899 stattgefundenen Erbauung eines aeronautischen Observatoriums des Kgl. Meteorologischen Instituts, das vom Jahre 1900 ab seine die Wissenschaft fördernde Tätigkeit in Tegel mit so gutem Erfolge unter Geh. Rat Aßmanns Leitung aufnahm, daß es am 1. April 1905 als selbständiges Institut mit verbesserten und vergrößerten Einrichtungen zu Lindenberg im Kreise Beeskow-Storkow, 65 Kilometer von Berlin, neu erstand.

Welche gewaltigen Fortschritte in so kurzer Zeit, die wir ganz allein der zielbewußten Initiative Seiner Majestät des Kaisers verdanken!

Aber wir müssen zurückblicken und nachholen, was bis zu diesem Zeitpunkt auch anderwärts in Deutschland in der Luftschiffahrt vor sich ging.

Die Berliner Bestrebungen waren durch Anregungen des Hauptmanns Brug und des Ingenieurs Bartsch v. Sigsfeld auch nach München verpflanzt worden und wuchsen sich hier Ende 1889 zur Begründung des Münchener Vereins für Luftschiffahrt aus, der sportliche mit wissenschaftlichen Zielen zu vereinigen suchte. Dieser Verein, den 8 Prinzen und die Prinzessin Therese des Königlichen Wittelsbacher

Hauses durch ihren Beitritt beehrten, förderte vornehmlich geodätische und photogrammetrische Arbeiten im Ballon.

7. Die Entstehung der Internationalen Kommission für wissenschaftliche Luftschiffahrt.

Es hatte sich bei den Berliner wissenschaftlichen Luftfahrten herausgestellt, daß es durchaus wünschenswert wäre, durch simultane Ballonfahrten an mehreren Orten des Kontinents sich ein Bild von der Temperaturverteilung in verschiedenen Höhenschichten zu machen. Der Gedanke war bereits von dem Franzosen Gaston Tissandier nicht ohne Wehmut über das damals noch dazwischen liegende Hindernis nationaler Entfremdung der beiden benachbarten Kulturländer dem Leiter des preußischen meteorologischen Instituts, Professor Dr. v. Bezold, gegenüber zur Aussprache gebracht worden. Nur die Zeit konnte eine Verständigung hierüber herbeiführen.

Und die Zeit kam eher, als man es zu hoffen wagte. Das fördernde Eingreifen Seiner Majestät des Kaisers in die Luftschiffahrt und die daraus hervorgegangenen glänzenden wissenschaftlichen Resultate, hatten jenseits der Vogesen gebührende Bewunderung und Anerkennung gefunden. Der Gedanke an ein wissenschaftliches Zusammenarbeiten von Deutschland und Frankreich hatte sich auch in französischen wissenschaftlichen Kreisen, besonders bei den meteorologischen Gelehrten Mascart, Teisserenc de Bort usw. eingebürgert und harrte, verlegen, nur der passenden Gelegenheit, die Ausführung bei den noch vorherrschenden chauvinistischen Stimmungen einzelner Parteien ohne Anfechtung zur Durchführung zu bringen. Kleine Ursachen bringen oft große Wirkungen hervor. Die französischen Luftschiffer Hermite und Besançon ließen unter der Ägide des bekannten Schriftstellers und Luftschiffers Wilfried de Fonvielle unbemannte Ballons mit Registrier-Instrumenten auffahren. Das Verfahren wurde von dem früher erwähnten französischen Major Renard in einer Denkschrift am 5. Dezember 1892 der Akademie der Wissenschaften zu Paris vorgelegt, nachdem bereits am 4. Oktober 1892 Hermite und Besançon mit derartigen Versuchen begonnen hatten.

Anfangs 1894 brachte mir unvermutet die Post ein französisches Buch von Wilfried de Fonvielle mit der Aufschrift »Hommage de l'auteur« auf dem Titelblatt. Meine Freude darüber war groß, weil es die erste Annäherung eines französischen Luftschiffers an einen deutschen Luftschiffer war, und das überdies aus eigener Initiative des ersteren. Es war mir klar, daß die wahre Ursache wieder ganz allein in den bedeutsamen wissenschaftlichen Fahrten von Berlin zu suchen sei, deren Zustandekommen wir Seiner Majestät unserem weitschauenden Herrscher verdanken. Ich nahm die freundschaftlich gebotene Hand dankbar an und stellte in meinem Dankschreiben, das die französische Zeitschrift L'Aérophile im Märzheft 1894 veröffentlichte, Betrachtungen darüber an, wie schön und nützlich es wäre, wenn wir Simultanfahrten zusammen machen könnten. Dieser Herzenston vereinigte sich mit dem Widerhall aus Frankreich zu einem wohltönenden Akkord. Man meinte, zustimmend zu meinen Darlegungen, mit der Zeit möchte das möglich sein und machte zugleich den positiven Gegenvorschlag, zunächst bei Simultanaufstiegen Fragekarten von Ballons abzuwerfen. Auf diesen Sport wollte man allmählich die wissenschaftlichen Simultanfahrten aufpfropfen.

Ich freute mich, meinem verehrten meteorologischen Lehrer in Berlin, Geh. Rat v. Bezold, hiervon Nachricht geben zu können, aber man zögerte in Berlin noch, in gleicher Weise mit den rein wissenschaftlichen Kreisen in Paris Fühlung zu nehmen, aus teilweise berechtigten Gründen.

Im Juli 1896 wurde auf Grund einer Verabredung zwischen Professor Hergesell, Oberleutnant Schering und mir der Oberrheinische Verein für Luftschifffahrt in Straßburg begründet. Diese Gründung lag schon sozusagen in der Luft, als ich im Januar 1896 von meiner Stellung als Lehrer der Luftschifferabteilung abgelöst, nach Straßburg versetzt wurde. Ein sich sehr glücklich ergänzendes Triumvirat hatte von diesem Augenblicke an der Zufall zusammengeführt, um unter der einflußreichen Gönnerschaft des kaiserlichen Statthalters, S. D. des Fürsten Hermann von Hohenlohe-Langenburg in der wunderschönen Stadt einen deutschen Mittelpunkt aeronautischer Tätigkeit schaffen zu können.

Fig. 20: Professor Dr. Hergesell,
Vorsitzender der Internationalen Aeronautischen Kommission für wissenschaftl. Luftschiffahrt.
Geb. 29. Mai 1859 in Bromberg.

Professor Hergesell (Fig. 20) hatte die Erforschung der freien Atmosphäre bereits gelegentlich der Fesselaufstiege und Freifahrten der Festungsluftschifferab-

Fig. 21: **Aufstieg von Professor Berson und Dr. Süring** vom Tempelhofer Felde bei Berlin am 31. Juli 1901 zur höchsten Fahrt bis auf 10500 m.

teilung in Angriff genommen und war bald darauf wegen simultaner Auffahrten mit Berlin und Paris (M. Teisserenc de Bort) in Verbindung getreten.

Die bevorstehende allgemeine Konferenz der Direktoren meteorologischer Institute im September zu Paris veranlaßte mich nun, dem Professor Hergesell obenerwähntes Stimmungsbild der französischen Luftschiffer Hermite und Besançon bezüglich gemeinsamer Simultanfahrten mitzuteilen.

Offenbar bot sich hier eine Gelegenheit, langersehnte Wünsche durchzuführen, die unbedingt benutzt werden mußte!

Es gelang dem Genannten, die über die ganze Erdoberfläche wirkende Konferenz für die Frage internationaler Simultanfahrten zu interessieren. Seine Verhandlungen mit dem Präsidenten der Versammlung, Herrn Mascart, führten schließlich dazu, daß unter Zuziehung der bereits in diesen Forschungen tätig gewesenen Luftschiffer Wilfried de Fonvielle, Hermite und Besançon allgemeine Grundsätze ausgearbeitet wurden, nach denen die Simultanfahrten in Zukunft stattfinden sollten. Die Konferenz nahm diese Grundsätze nicht nur einstimmig an, sondern ging sogar noch einen Schritt weiter, indem sie zur Förderung dieser Studien eine besondere Kommission einsetzte, zu deren Präsidenten Professor Hergesell erwählt wurde.

Diese »Internationale Kommission für wissenschaftliche Luftschiffahrt« ist seitdem mit großem Erfolge tätig gewesen. An den simultanen Fahrten beteiligten sich mit der Zeit immer mehr Staaten, die Methoden und Instrumente wurden stetig verbessert, und man darf mit voller Berechtigung heute sagen, daß die Arbeiten dieser Kommission die wichtigsten Fortschritte der modernen Meteorologie hervorgerufen haben.

Diese Internationale Kommission veranstaltet nun jeden ersten Donnerstag im Monat Aufstiege mit Freiballons, Registrierballons und Drachen. Die Ergebnisse dieser Fahrten werden in den Veröffentlichungen der Internationalen Kommission für wissenschaftliche Luftschiffahrt in Monatsheften in Straß-

Fig. 22: **Mr. Lawrence Rotch** in Pawlowsk den russischen Kuznezow-Drachen photographierend.

burg gedruckt und von Professor Hergesell herausgegeben.

Die alle zwei Jahre stattfindenden internationalen Kongresse dieser Kommission, die 1898 in Straßburg, 1900 in Paris, 1902 in Berlin und 1904 in St. Petersburg tagten und 1906 in Mailand stattfinden werden, haben den Beweis erbracht, wie nutzbringend diese Einrichtung arbeitet und wie erfolgreich sie auf dem Gebiete der Wetterkunde wirkt.

Am 3. August 1905 erreichte ein Straßburger Registrierballon die höchste bekannte Höhe von 25800 m und im Observatorium zu Lindenberg wurde am 25. November 1905 der höchste bisherige Drachenaufstieg ausgeführt. Er brachte das Instrument bis auf 6430 m Höhe, wo bei 330 mm Luftdruck eine Temperatur von

Fig. 23: Zusammensetzen des Hargrave-Drachens.

— 25° C. herrschte, während am Erdboden + 4,9° abgelesen wurden. Um dieses schöne Resultat zu erreichen, waren 6 Drachen mit im ganzen 27 qm Tragfläche und 14500 m Haltedraht notwendig. Der Wind wuchs von 8 m unten bis auf 25 m in der höchsten Höhe.

Die höchste Freifahrt aber machten Prof. Berson und Dr. Süring zusammen bis auf 10500 m am 31. Juli 1901 mit dem 8400 cbm großen Ballon »Preußen« (Fig. 21).

Das sind Ereignisse der deutschen wissenschaftlichen Höhenforschung, die bisher von niemand übertroffen worden sind.

Fig. 24: **Auflassen des Hargrave-Drachens an Bord.**

8. Die Erforschung des Luftozeans über den Meeren.

Die zunehmende Erkenntnis erzeugt neue Bedürfnisse. Die Atmosphäre über den Weltmeeren birgt viele Geheimnisse, die der Enträtselung harren. Der um die Einführung der wissenschaftlichen Drachen (Fig. 22, 23 u. 24) verdiente amerikanische Meteorologe Lawrence Rotch begann mit Drachenversuchen von

Schiffen aus auf dem Ozean, nachdem schon vorher Graf v. Zeppelin und Professor Hergesell auf dem Bodensee in demselben Sinne tätig gewesen waren; Teisserenc de Bort, Koeppen, Berson, Elias und Dines schlossen sich bald an. Teisserenc de Bort erreichte dabei auf einem dänischen Kriegsschiff in der Fahrt die Drachen-

S. H. Fürst Albert von Monaco. Prof. Dr. Hergesell.

Fig. 25: Auflassen eines Registrierballons auf der Yacht Prinzeß Alice.

höhe von 6100 m. Das nämlich ist der Vorteil des Drachenaufstiegs von Schiffen aus, daß man mit deren Eigengeschwindigkeit und Bewegung auf der weiten Wasserfläche die Windstärken beliebig ändern kann.

Im Jahre 1904 gelang es Professor Hergesell, S. Durchlaucht den Fürsten Albert von Monaco

Fig. 26: Registrierballontandem nach Hergesell. R. = Registrierinstrument, S. = Schwimmer.

für die Höhenforschung zu gewinnen. Eine Fahrt auf seiner Yacht Princeß Alice nach den Passatregionen bei den Azoren zeigte bei Sondierungen der Luft mittels Drachen, daß der allgemein gelehrte Antipassat in jener Gegend in der Höhe nicht zu finden war. Die Versuche wurden 1905 weit in den atlantischen Ozean (Fig. 25) hinein fortgesetzt mit Bestätigung des früher gefundenen Resultats und mit Auffinden nicht leicht zu erklärender Windverhältnisse. Hierbei konnte mit gutem Erfolge die Methode Hergesells erprobt werden, zwei gekuppelte Registrierballons, von denen der eine voller gefüllt wird und daher früher zum Zerplatzen kommen muß (Fig. 26), mit Registrier-Instrument und Schwimmer aufzulassen und durch Beobachtung und Berechnung ihrer Flugbahn auf der See wieder zu finden (Fig. 27).

Diese Versuche zogen gelegentlich des Erscheinens des Fürsten von Monaco bei der Segelregatta zu Kiel im Jahre 1904 die besondere Aufmerksamkeit Seiner Majestät des Kaisers auf sich. Professor Hergesell, der sich an Bord der Yacht des Fürsten befand, erhielt den Auftrag, mit dem vorhandenen Material von S. M. Depeschenboot Sleipner aus vor den Augen S. M. des Kaisers Drachenaufstiege auf der Ostsee zu veranstalten. Auf dem 24 Knoten laufenden Schiffe gelangen diese Versuche so vorzüglich, daß S. M. der Kaiser befahl, eine Drachenausrüstung für die bevorstehende Nordlandsfahrt mitzunehmen. Bei dem Aufenthalt Seiner Majestät in den nordischen Fjorden wurden sodann auf Allerhöchsten Befehl verschiedene Drachenaufstiege vorgenommen, welche die ersten sehr wertvollen Aufzeichnungen über die Wärmeschichtung jener Gegenden zum Ergebnis hatten.

Fig. 27: **Die Jagd nach dem Registrierinstrument.** Schwimmer und die Reste des geplatzten Ballons befinden sich auf dem Meere, während der andere Ballon, weithin sichtbar, das Instrument über Wasser hält.

Von der weittragenden Bedeutung derartiger Forschungen für die Wetterkunde und mittelbar für die Marine überzeugt, befahl Seine Majestät auch die in

Bau befindlichen Vermessungsschiffe der Kaiserlichen Marine mit allen Einrichtungen für solche Luftsondierungen nach der Höhe zu versehen.

Das große Interesse, welches der Staatssekretär des Reichsmarineamtes, Exz. v. Tirpitz, der Sache entgegenbrachte, trat ganz besonders bei dem Bau des ersten

Fig. 28: Fertigmachen eines Registrierballontandems auf S. M. Vermessungsschiff Planet.

dieser neuen Vermessungsschiffe S. M. Schiff Planet hervor, das heute das für meteorologische Untersuchungen über dem Meere am besten ausgerüstete Fahrzeug ist (Fig. 28). Die Probefahrt, welche das Schiff Anfang Dezember zur Instruktion des Personals durch Professor Hergesell unternahm, erwies die Vorzüglichkeit der Ausrüstung in vollkommener Weise. Anfang 1906 hat das Fahrzeug Europa verlassen und wird alle Passat- und Monsunregionen durchkreuzen, um die geheimen Beziehungen zwischen Ägir und Äolus mehr und mehr an das Licht der Wissenschaft zu bringen.

Die meteorologische Luftschiffahrt wandelt, dank dieser so reichlichen, fortgesetzten Allerhöchsten Unterstützung, heute auf breiter sicherer Bahn, während der sogenannte Luftschiffahrtssport bei uns in Deutschland sich im Vergleich mit ihr etwas als Stiefkind fühlt.

9. Der Ballon-Fahrsport.

In bezug auf den Luftfahrsport nimmt gegenwärtig unbestritten der Aéroclub de France die erste Stelle in der Welt ein. Dieser durch die Bemühungen des Grafen de Dion aus dem Automobilclub de France 1897 heraus gegründete Verein hat, begünstigt durch die Weltausstellung zu Paris im Jahre 1900, bisher noch unübertroffene Rekorde in der Luftschiffahrt aufzuweisen. Die Aufgabe, von Paris aus nach Rußland im Ballon zu fahren, eine Aufgabe, welche der damaligen politischen Konstellation entsprach, wurde u. a. von den Sportsleuten Comte de la Vaulx und Comte de Castillon de Saint-Victor mit seltener Geschicklichkeit gelöst. Diese beiden fuhren am 9. Oktober 1900 im Ballon Centaure (1630 cbm) in 35 3/4 Stunden von Vincennes nach Korostischew bei Kiew in Rußland. Es ist diese die längste und weiteste Dauerfahrt der Welt. Der Ballon durchflog 1925 Kilometer und erreichte dabei eine Höhe von 5750 m.

Als dem Comte de la Vaulx auf dem Internationalen Kongreß in St. Petersburg scherzweise vorgeworfen wurde, daß die Deutschen doch noch höher gekommen wären als die Franzosen, erwiderte er schlagfertig:

»Jawohl, die Deutschen haben einen hohen Standpunkt, aber die Franzosen haben einen weiten Blick!«

Comte de la Vaulx kommt auch häufiger in Deutschland vom Himmel herab. Gleich bei seiner dritten Lehrlingsfahrt, am 22. Oktober 1898 unter dem geschickten französischen Luftschiffer Mallet, landete er

Fig. 29: Füllung der Ballons zum internationalen Wettfliegen in den Tuilerien-Gärten zu Paris am 15. Oktober 1905.

nach 19¹/₄stündiger Fahrt mit dem 1000 cbm Wasserstoff fassenden Ballon »Volga« zu Retzow bei Rostock, von Paris aus 930 km. Seitdem ist er noch bei Emden, Kassel, Koblenz, Lübeck, Bingen, Torgau und Nürnberg als Luftschiffer gelandet und überall, so versichert er, überaus liebenswürdig aufgenommen worden.

Auf jeden Fall verdankt der Aéroclub de France ihm ganz besonders seine sportliche Entwicklung, die diesen Klub heutzutage zur führenden Gesellschaft der Welt erhoben hat.

Seit der Weltausstellung in Paris 1900 finden daselbst alljährlich internationale Sport-Luftfahrten um verschiedene Preise statt, die am 15. Oktober 1905 nicht weniger als 20 Ballons in den Tuilerien-Gärten zu Paris zum Wettkampfe vereinigten (Fig. 29).

10. Der deutsche Luftschiffer-Verband.

Ein derart frischer und anheimelnder Unternehmungsgeist konnte nicht ganz ohne Rückwirkung auf das aeronautische Leben der deutschen Luftschiffer-Vereine bleiben, ganz besonders zu einer Zeit, in der ihre meteorologisch-wissenschaftliche Betätigung auf besondere Staatseinrichtungen übergegangen war, und wo man nunmehr wiederum vor der Frage stand, welches Arbeitsgebiet man sich wählen solle. Der Vorsitzende des Berliner Vereins, Geh. Rat Aßmann, hatte in den letzten Jahren seiner Amtsperiode bereits mit dem Berliner Sport-Park Verträge geschlossen und allen Vereinsmitgliedern hier das Fahren für verhältnismäßig geringe Kosten sehr erleichtert. Aber auch hierbei waren beim Vorstande halb und halb noch rein wissenschaftliche Ziele vorherrschend; die Ballons wurden gelegentlich zu meteorologischen Forschungen benutzt.

Nach und nach gelang es aber der rührigen Tätigkeit des damaligen Fahrtenwarts, Hauptmann v. Tschudi (Fig. 30), den Berliner Verein in rein sportliche Bahnen zu lenken. Wie richtig das war, wie sehr diese Richtung einem längst empfundenen Bedürfnisse entsprach, zeigte sich sehr bald in dem Anwachsen dieser Gesellschaft zu einer kapitalkräftigen Körperschaft von 700 bis 800

Fig. 30:
Hauptmann v. Tschudi.
Geb. 29. Jan. 1862 in Wiesbaden.

Mitgliedern. Es erweckte den Anschein, als ob das Luftballonfahren plötzlich in die Mode gekommen sei und zum guten Tone gehöre. Eine durchaus glückliche Idee des Hauptmanns v. Tschudi war es, die Ballons des Vereins auch auswärtigen Vereinsmitgliedern zugänglich zu machen. Hierdurch breiteten sich Lust und Liebe zum Ballonfahren über weitere Gaue des deutschen Vaterlandes aus, die Anregung zur Gründung von Zweigvereinen wurde gegeben und der Gedanke der Zusammengehörigkeit mit der leitenden Seele dieses Unternehmens wurde gefördert.

Im Jahre 1901 hatte der bekannte Schiffsingenieur und Segelyacht-Sportsman Geheimer Regierungs-Rat Professor Busley (Fig. 31) den Vorsitz des Berliner Vereins übernommen. Die bereits in der Entwickelung begriffene sportliche Richtung desselben konnte keine bessere Spitze finden, die ihn in so trefflicher Weise gleichzeitig mit den technischen Kreisen in Berührung brachte. Es liegt auf der Hand, daß es sich beim Luftsport um Schulung von Personal und um Verbesserung des Materials handelt. Aber Geheimrat Busley ging noch einen Schritt weiter. Bei einem richtigen Sport müssen

Fig. 31:
Carl Busley, Geh. Reg.-Rat und Professor, Vorsitzender des deutschen Luftschiffer-Verbandes.
Geb. 7. Oktober 1850 in Neustrelitz.

Konkurrenten sich einen Preis streitig machen. Die Konkurrenten waren da, aber sie strebten nicht nach einem gemeinsamen großen Ziele hin, sondern sie strebten vielmehr auseinander. Mit diplomatischem Geschick gelang es Busley am 28. Dezember 1902 die verschiedenen deutschen aeronautischen Vereine bei einer Konferenz der Vorstände zu Augsburg zum »Deutschen Luftschiffer-Verband« zu einigen.

Der Zweck dieses Verbandes ist die Förderung gemeinsamer Interessen der Luftschiffahrt und insbesondere:

1. die Unterstützung einer Verbandszeitschrift (Illustrierte Aeronautische Mitteilungen),

2. die Herausgabe eines gemeinsamen Verbandsjahrbuches,

3. die Aufrechterhaltung einer einheitlichen Führerinstruktion,

4. die Erteilung der Führerberechtigung seitens der Vereine nach gemeinsamen im Verband festgestellten Grundsätzen.

Diesen Deutschen Luftschiffer-Verband bilden heute die nachfolgenden Vereine, welche die Ehre haben, viele deutsche Prinzen und Fürsten zu den Ihrigen zu zählen und überdies nahezu 3000 Mitglieder aufweisen:

1. Berliner Verein für Luftschiffahrt, gegründet am 31. August 1881,

2. Münchener Verein für Luftschiffahrt, gegründet am 21. November 1889,

3. Oberrheinischer Verein für Luftschiffahrt, gegründet am 24. Juli 1896 zu Straßburg i. E.,

4. Augsburger Verein für Luftschiffahrt, gegründet am 28. Juni 1901,

5. Niederrheinischer Verein für Luftschiffahrt, gegründet am 15. Dezember 1902 in Barmen,

6. Posener Verein für Luftschiffahrt, gegründet am 2. Dezember 1902.

7. Ostdeutscher Verein für Luftschiffahrt, gegründet am 11. Juni 1904 in Graudenz,

8. Koblenzer Verein für Luftschiffahrt, gegründet am 11. Mai 1905,

9. Fränkischer Verein für Luftschiffahrt, gegründet am 12. Mai 1905 in Würzburg,

Die in den Jahren 1903 bis 1906 erschienenen Jahrbücher des Deutschen Luftschiffer-Verbandes, die Seine Majestät der Kaiser die Gnade hat, alljährlich zu seinem Geburtstag am 27. Januar huldvollst entgegenzunehmen, legen ein beredtes Zeugnis ab für die segensreiche und nützliche Tätigkeit dieses Verbandes.

Damit ist in Deutschland eine starke aeronautische Organisation geschaffen worden, wie sie seitdem im Auslande bisher noch ohne Erfolg angestrebt worden ist.

11. Der internationale aeronautische Verband.

Auf dem Kongreß der internationalen Kommission für wissenschaftliche Luftschiffahrt zu St. Petersburg 1904 wurde vom Comte de la Vaulx (Fig. 32) in privater Aussprache der Wunsch geäußert, einen internationalen Luftschiffer-Verband ins Dasein zu rufen. Dr. Bamler brachte diesen Wunsch als Vertreter des Niederrheinischen Vereins für Luftschiffahrt auf die Tagesordnung bei einer Beratung des Vorstandes des Deutschen Luftschiffer-Verbandes in Leipzig am 4. Dezember 1904. Der Vorstand war sich klar darüber, daß eine internationale Verbindung einen weiteren wünschenswerten Antrieb für den Luftsport bedeute, weil hierdurch die eigene nationale Entfaltung desselben zu höchsten Leistungen angefacht werden kann.

»Hier gilt es, Schütze, deine Kunst zu zeigen, das Ziel ist würdig und der Preis ist groß!«

Der Aéroclub de France, dessen Vizepräsident der Comte de la Vaulx ist, entwarf sehr bald grundlegende Satzungen, die uns aber in der vorgelegten Form als unannehmbar erschienen und vom General Neureuther, dem Vorsitzenden des Münchener Vereins für Luftschiffahrt, in der Verbandszeitschrift, den Illustrierten Aeronautischen Mitteilungen, in zutreffender, gerechter Weise kritisiert wurden. Der Vorstand des Deutschen Luftschiffer-Verbandes folgte darauf einer Einladung des »Congrès International Olympique« zu Brüssel im Juni 1905, um die vorgeschlagene Einigung in obiger Frage zu erzielen. Man beauftragte mich als Vertreter des deutschen Verbandes in Brüssel mit den fremden Vertretern eine gesunde Basis für das weitere Einvernehmen zu schaffen, das nach unserer Ansicht nur in Paris selbst auf einer internationalen Konferenz von Vorständen aller maßgebenden Luftschiffervereine zu einem endgültigen Ziele geführt werden konnte.

Fig. 32: **Comte de La Vaulx,** der Begründer des internationalen Luftschiffer-Verbandes. Geb. 2. April 1870 auf Château de Bierville (Seine Inférieure).

Der Vorschlag des Comte de la Vaulx wurde in Brüssel in folgender Resolution einstimmig angenommen:

»Der Kongreß erkennt die besondere Bedeutung der Luftschiffahrt an und drückt den Wunsch aus, daß sich in jedem Lande eine Gesellschaft bilden möge, um den aeronautischen Sport zu reglementieren, und daß daran anschließend eine internationale aeronautische Vereinigung gebildet werde, die alle diese nationalen Gesellschaften einige im Hinblick auf verschiedene Manifeste und allgemeine Reglements für die wissenschaftliche und sportliche Verbreitung der Luftschiffahrt.«

Auf meinen Vorschlag wurde sodann dem »Aéroclub de France« der Auftrag erteilt, auf einem Kongreß zu Paris im Oktober 1905 diese gewünschte internationale Gründung spruchreif zu machen. Eine private Aussprache zwischen dem Comte de La Vaulx und mir führte zur Vereinbarung aller wesentlichen Punkte.

In sehr verständiger Weise hatten die Franzosen bei diesem zum 11. Oktober in Paris einberufenen Kongreß als Maßstab für die Bedeutung der verschiedenen Vereine das in einem Jahre für Ballonfahrten verbrauchte Füllgas zugrunde gelegt. Je 25000 cbm Gas berechtigten zu einer Stimme, und um kein nationales Übergewicht zu schaffen, setzten sie in anzuerkennender selbstloser Mäßigung zwölf Vertreter als Maximum fest. Hiermit ordnete sich die Bedeutung der verschiedenen nationalen Luftschifferverbände in Paris in nachstehender Reihenfolge:

Frankreich....	310471	cbm	Gasverbrauch	12	Stimmen
Deutschland..	202200	„	„	9	„
Belgien......	67000	„	„	3	„
Italien.......	33000	„	„	2	„
England......	20230	„	„	1	„
Spanien......	20000	„	„	1	„
Schweiz......	7000	„	„	1	„
Vereinigte Staaten von Nordamerika	unbestimmbarer		„	1	„

Der Kongreß vermochte in viertägiger Beratung die internationalen Satzungen zur allgemeinen Annahme zu bringen.

Mit nicht ungerechtfertigtem Stolz und mit hoffnungsfreudigem Blick konnte Comte de la Vaulx am 14. Oktober mittags den Kongreß in Paris mit den allgemein beifällig aufgenommenen Worten beschließen:

»Messieurs, la Fédération Aéronautique Internationale est fondée!«

Der internationale Verband wählte zu seinem Ehrenvorsitzenden den bekannten französischen Physiker Herrn L. T. Cailletet, zum Präsidenten wurde Prinz Roland Bonaparte, zu Vizepräsidenten Comte de la Vaulx, Geheimer Regierungsrat Prof. Busley und Herr Fernand Jacobs (Belgien) gewählt.

Fig. 33: Langleys Flugmaschine auf der Gleitbahn vor dem Abfluge.

Alljährlich werden nun in den aeronautischen Sportszentren abwechselnd internationale Wettfliegen veranstaltet werden. Das erste wurde für den Oktober 1906 in Berlin in Aussicht genommen, verbunden mit der Feier des 25jährigen Bestehens des Berliner Vereins für Luftschiffahrt.

Gordon-Bennett, der bekannte Förderer des Automobilsports, hat denn auch bereits dem aeronautischen

Sport seine Aufmerksamkeit zugewendet und zu dessen Förderung einen künstlerischen Wanderpreis im Werte von 12500 Frs. für Ballons und Luftschiffe ausgesetzt, um welchen aber nach den Bestimmungen des Spenders das erstemal in Paris selbst gekämpft werden soll nach einem vom Internationalen Aeronautischen Verbande zu bestimmenden Reglement. Ferner hinterlegte der Spender eine Summe von 12500 Frs. als Prämie für den Gewinner des Preises. Der Wanderpreis gehört demjenigen Verbande oder Klub, welcher ihn dreimal hintereinander gewinnt.

Somit darf man sich zu der Hoffnung bekehren, daß auch der Internationale Luftschiffer-Verband zu einer ersprießlichen Förderung der Luftschiffahrt beitragen wird.

12. Die Bestrebungen der Vertreter dynamischer Flugmaschinen.

Ein nicht nur undankbares, sondern auch sehr viel schwierigeres Arbeitsgebiet als das der aerostatischen Luftschiffahrt stellen die Bestrebungen zur Erbauung dynamischer Flugmaschinen vor. Durch die Vorbilder der Flugtiere ist seit Urzeiten der Mensch geradezu darauf versessen gewesen, diesen Weg als den richtigen und allein zum Ziele führenden zu betrachten. Wir haben bereits gesehen, daß auch hier des Dichters Worte zutreffend sind: »Es irrt der Mensch, so lang er strebt!«

Zwar soll man die Hoffnung nicht aufgeben, und kleine Erfolge, die Fortschritte bezeichnen, muntern in der Tat zu solcher auf.

Auf jeden Fall scheint es sich als Wahrheit zu bestätigen, daß für diese dynamische Richtung der Aeronautik nur allein die induktive Forschungsmethode am Platze ist.

Was nutzt auch eine Flugmaschine, wie sie der Ingenieur Hiram Maxim in den Jahren 1890—1894 nach allen Regeln der Ingenieurskunst erbaut hatte, wenn niemand auf der Welt da ist, der damit zu fliegen versteht? Ist es nicht ganz natürlich, daß sie beim ersten Versuch in unseren in der Flugpraxis gänzlich unerfahrenen Händen zu Bruche gehen muß? So finden wir bei allen diesen Flugtechnikern, die von vornherein mit vielem Scharfsinn auf das Ganze gingen, immer

Fig. 34: **Langleys Flugmaschine senkt sich beim Ausflug ins Wasser.**

wieder den gleichen Mißerfolg beim Versuch. Aders mechanischer Vogel in Paris, angeblich auf Kosten des französischen Kriegsministeriums für 500000 Frs. erbaut, Langleys Drachenflieger in Amerika und derjenige von Kreß in Wien sind für den, der hören will, laut sprechende abschreckende Beispiele.

Die dynamische Luftschiffahrt steht sozusagen noch vollständig in den Kinderschuhen; wir müssen die Zeit abwarten, in welcher die Technik uns die mechanischen Mittel in den Schoß werfen wird, um mit wirklicher Aussicht auf Erfolg solche Bauten vollenden zu können.

Ch. Renard, der sich in seinen letzten Lebensjahren auch mit diesem Problem eingehender beschäftigte, hat sich der Akademie der Wissenschaften zu Paris gegenüber in der Sitzung am 23. November 1903 bezüglich der Schraubenflieger dahin geäußert, daß man voraussichtlich einen oder zwei Menschen mit Luftschrauben wird heben können, sobald das Motorgewicht

Fig. 35: Langleys Flugmaschine im Potomac-Fluß.

unter 3 kg für die Pferdestärke gesunken sein würde, und man wird Flugmaschinen von mehreren Tons Gewicht bauen können, wenn das Motorgewicht pro Pferdestärke nicht mehr als 2 kg beträgt. Welche traurige Aussichten für den Ersatz der aerostatischen Hebekraft durch Luftschraubenbewegung! Etwas günstiger sollen sich die Verhältnisse bei Drachenfliegern gestalten, die von den vorbenannten Konstrukteuren auch mehrfach erbaut worden sind. Aber auch hier liegt Veranlassung vor, skeptisch zu werden, wenn man den letzten großen Versuch von Prof. Langley vom Smithsonian Institution in Washington näher betrachtet.

Fig. 36: Otto Lilienthal, der bahnbrechende Erfinder des Kunstfluges.
Geb. 24. Mai 1848 in Anklam, gest. 10. August 1896 in Berlin.

Langleys Flugmaschine (Fig. 33) wog 366 kg einschließlich eines Menschen. Sie hatte 97 qm Flugfläche und besaß einen Fünfzylindermotor von 52 Pferdestärken. Ohne Kühlwasser und Feuerung wog der Motor etwa 1 kg pro Pferdestärke, alles in allem blieb er unter $2^1/_4$ kg pro Pferdestärke. Die Flächenverhältnisse zum Gewicht waren bei der Flugmaschine günstiger als bei einem früher mit Erfolg im Fluge erprobten Modell.

Man konnte somit mit Recht auf ein günstiges Ergebnis gefaßt sein. Und trotzdem neigte sich der Apparat kurz nach Verlassen der Gleitbahn am 7. Oktober 1903 und flog direkt in den Potomacfluß hinein (Fig. 34 u. 35).

Es bleibt abzuwarten, ob der Unfall lediglich auf den Bau der Gleitbahn geschoben werden muß. Jedenfalls bewahrt das War-Department, das 50000 Dollars zu den Versuchen beigesteuert hat, ihnen sein volles Interesse.

Demgegenüber kann der Berliner Verein für Luftschiffahrt stolz darauf sein, unter seinen Mitgliedern denjenigen Mann und Märtyrer der Aviatik besessen zu haben, welcher mit seiner aufbauenden induktiven Methode die ersten praktischen Erfolge im Fliegen gezeitigt hat.

Otto Lilienthal (Fig. 36), der bekannte fliegende Mann der Berliner, ist ein Klassiker für alle Flugtechniker der Welt geworden. Er hat ihnen neue praktische Wege gewiesen, er hat mit seinem »Kunstfluge« Theorie und Praxis der Flugtechnik in gründlicher Weise verbunden.

Lilienthal durchflog mit seinem Flugapparat (Fig. 37) aus 30 m Höhe herab ohne weitere Arbeitsleistung

Phot. Ottomar Anschütz, Lissa.

Fig. 37: Otto Lilienthals Flug mit seinem ersten Flugapparat.

als den freien Fall gegen den Wind Strecken von 200 bis 400 Meter Länge. Den Schwerpunkt verlegte er dabei durch Bewegung seiner frei herabhängenden Beine zur Wahrung der Stabilität des Fluges wie die Vögel nach Bedürfnis.

Die Erkenntnis, daß ein Motor unumgänglich nötig sei, um längere Flüge zu erzielen und schließlich die

Luft zu beherrschen, stellte ihm die Aufgabe, die Trageflächen zu vergrößern und sich an das Tragen des Motorgewichts zu gewöhnen. Zu diesem Zweck baute Lilienthal einen Flugapparat mit zwei übereinander angeordneten Flugflächen. (Fig. 38.)

In der weiteren Entwickelung seines Kunstfluges

Phot. A. Regis, Berlin.

Fig. 38: **Lilienthals Flug** von seiner künstlichen Höhe zu Groß-Lichterfelde bei Berlin mit seinem Zweidecker.

verunglückte Lilienthal leider am 9. August 1896 bei Rathenow, aber die Zahl seiner Schüler und Anhänger in Amerika, England, Frankreich und Österreich (leider gibt es nur wenige in Deutschland), welche seine Gedanken aufgenommen und weiter gefördert haben, mehren sich von Tag zu Tag.

Als die erfolgreichsten in Amerika müssen O. Chanute, Herring und die Gebrüder Wright genannt werden. Letztere formten die Flugmaschine um in eine Art Hargravedrachen und fuhren Strecken bis zu 260 Meter gegen den Wind mit großer Sicherheit (Fig. 39 und 40).

Man behauptet, daß die Gebrüder Wright, die in

Fig. 39: O. Chanutes Zweidecker im Fluge.

letzter Zeit ihre Versuche geheimhielten, größere Rundflüge mit einem Motorflugapparat mit Motor von 52 Pferdestärken (?!) gemacht hätten.

Sie hätten damit das erreicht, was unser Lilienthal erstrebt hatte, und wir würden uns freuen, wenn die Gebrüder Wright alsdann bewiesen haben werden, wie unser Landsmann mit seinem »Kunstfluge« der Welt den richtigen Weg gewiesen hat.

Leider aber haben die Wrights den Erfinderweg beschritten, indem sie der französischen Regierung ihren Apparat für eine Million Francs anboten und sich dabei nicht entblödeten, Se. Majestät den Kaiser Wilhelm II. als Unruhestifter in Europa hinzustellen, um ihr geschäftliches Angebot schmackhafter zu machen.

Damit haben sie sich unsere Sympathien vollends verwirkt.

Es liegt aber auf der Hand, daß in einem Lande,

Fig. 40: **Wright in seinem Flugapparat** im Fluge. Ansicht von hinten.

das einen Lilienthal hervorbringen konnte, noch sehr viele andere aeronautische Schätze verborgen liegen, die nur der Zeit harren, wo die Mittel gewährt werden, um sie zu heben. Wir brauchen auf die Gebr. Wright nicht zurückzugreifen, sobald wir eines Flugapparats bedürfen.

Ähnliche Versuche beschäftigen Hauptmann Ferber und M. Archdeacon in Paris (Fig. 41 und 42). Santos Dumont will sich fortan ebenfalls diesem Sport widmen.

13. Die Zukunft der dynamischen Flugtechnik.

Über die praktische Verwertung der dynamischen Flugapparate darf man sich keinen Illusionen hingeben.

Die Leichtigkeit spielt bei ihnen eine noch viel größere Rolle als beim aerostatischen Luftschiff, und die Lebensgefahr steht bei ihnen obenan.

Wer mit solchen Fahrzeugen fliegen will, muß es schon mit Lebensgefahr wie eine Akrobatenkunst er-

Fig. 41: Ferbers Abflug mit Wrights Flugapparat.

lernen. Langley, Kreß und Archdeacon machten deshalb ihre Versuche über Wasserflächen.

Sodann braucht man zum Abflug besondere Antriebe durch Zug oder durch Gleitbahnen. Manche Flugtechniker glauben von einer Wasserfläche aus hochzukommen. Indessen ist dabei doch zu berücksichtigen, daß die große Segelfläche bei der Bewegung auf dem Wasser auch leicht von der Seite gefaßt wird und der Apparat dabei umkippen kann, wie es Kreß (Fig. 43) zugestoßen ist. Andererseits saugt das Wasser die eintauchenden Teile ziemlich an und verlangt starke Kräfte zum Abheben.

Fig. 42: Archdeacons Flugapparat auf der Seine.

Dem aerostatischen Luftschiff wird der Flugapparat darin überlegen sein, daß er mit größeren Geschwindigkeiten fliegen kann, weil er dem Winde kleinere Widerstandsflächen bietet. Welchen Gefahren aber wird er

Fig. 43: **Die Flugmaschine von Wilhelm Kreß** mit 3 Flugflächen und 2 Propellerschrauben. Von vorn seitlich **gesehen.**

stets ausgesetzt sein bei Windstößen und Wirbeln, ganz besonders wenn solche seinen Flug seitlich erfassen? Wird er sich überhaupt getrauen, sehr hochzugehen und durch Wolken hindurchzufliegen? Der Luftschiffer weiß es, welche Wirbelbewegungen in Wolken eintreten können, ein Ballon wird zwar erfaßt von ihnen, aber

Fig. 44: Maloney in Montgomerys Gleitapparat.

er bietet trotzdem den Luftfahrern das volle Gefühl der Sicherheit vor Lebensgefahr.

Vögel findet man nicht in solchen Wolken. Der Kunstflieger setzt sich hier der Gefahr aus, seine Stabilität zu verlieren und abzustürzen.

Ebenso hat jede Havarie des Flugapparats eine fast unabwendbare Katastrophe zur Folge, wie der Todessturz des amerikanischen Fliegers Maloney in St. Franzisko am 18. Juli 1905 aus etwa 1000 m Höhe mit dem Gleitapparat von Montgomery es leider von neuem bewiesen hat (Fig. 44). Wie man unter solchen Verhältnissen überhaupt daran denken kann, aus dem Flugapparat eine Kriegsmaschine machen zu wollen, bleibt mir vollständig unerklärlich. Vorläufig ist eine Zeit der Reife hierzu jedenfalls noch nicht abzusehen. Wenn die Kunstflieger erst anfangen möchten auch Ballonfahrer zu werden, was gegenwärtig, soweit mir bekannt, kein einziger von ihnen gewesen ist, dürften sie ihre Zukunftspläne etwas vorsichtiger bemessen.

14. Die Militär-Luftschiffahrt.

Was den aeronautischen Ruf Deutschlands besonders gehoben hat, sind außer der besprochenen wissenschaftlichen Aeronautik und den epochemachenden Flügen von Lilienthal die Leistungen unserer Militär-Luftschiffahrt.

Es ist wahr, daß England und Frankreich sehr viel früher mit militärisch-aeronautischen Einrichtungen begonnen haben, und man muß gerechterweise auch anerkennen, daß England in der praktischen Einführung der feldmäßigen Ballonfüllung mittels in Stahlflaschen gefüllten komprimierten Wasserstoffs und Frankreich in der zweckmäßigen technischen Einrichtung von kugelförmigen Fesselballons und Dampfwinden vorangegangen sind. Kein Staat aber hat bis zum heutigen Tage eine so einfach feldmäßig ausgerüstete und für alles gut geschulte Luftschiffertruppe wie die deutsche Armee.

Wer wie Verfasser das Glück hatte, das Heranwachsen dieser Truppe aus dem vollständigen Nichts unter eigenen Augen mit erleben zu können, wer zurückblickend sich wieder bewußt wird der harten Kämpfe mit den zahlreichen und mächtigen Zweiflern an der Militäraeronautik, welche eine fortgesetzte Sorge um die Existenz

Fig. 45: **Der Drachenballon Parseval-Sigsfeld.**

dieser anfangs zart aufwachsenden Pflanze wach erhielten, der darf heute wohl mit dem behaglichen Gefühl von Stolz und Befriedigung sich des Erreichten erfreuen.

Gewiß ist jedem Mitarbeiter ein mehr oder minder großes Verdienst an dieser gedeihlichen Entwickelung unserer Luftschiffertruppen zuzuschreiben. Ohne Zweifel ist aber die Durchführung ihrer praktischen feldmäßigen Gestaltung und die Einführung des Drachenballons (Fig. 45), der heute in der gesamten militärischen Welt Anerkennung gefunden hat, ausschließlich dem Major Nieber und dessen sachverständigem Nachfolger Major Klussmann zu verdanken.

Fig. 46:
Major August v. Parseval,
Erfinder des Drachenballons und Erbauer des deutschen Luftschiffes 1906.
Geb. 5. Februar 1861 in Frankenthal (Rheinpfalz).

Selbstverständlich gebührt den Erfindern des Drachenballons, den Hauptleuten v. Parseval (Fig. 46) und Bartsch v. Sigsfeld kein geringeres Verdienst. Der letztere konnte dank seiner genialen Erfindungen berechtigterweise ein Stolz der Luftschifferwaffe genannt werden. Leider viel zu früh wurde er uns bei einer wissenschaftlichen Ballonfahrt, infolge eines Unglücksfalles bei der Landung, am 1. Februar 1902 durch den Tod entrissen (Fig. 47).

Nebenbei hat die Militär-Luftschiffahrt überall eine andere kulturelle Aufgabe erfüllt. In allen Staaten waren es die Offiziere der Luftschiffertruppen, die anregend auf die Entwickelung der Meteorologie, des

Luftschiffsports und des Luftschiffes eingewirkt haben. Man schaue sich um in der Literatur aller Länder in den letzten drei Dezennien, und man wird die vollste Bestätigung für obige Behauptung finden. Der Militär-

Fig. 47: **Hauptmann Bartsch v. Sigsfeld.**
Geb. 2. Februar 1861 in Bernburg, gest. 1. Februar 1902 in Zwyndrecht.

aeronautik gebührte demnach überall die erste Stelle in der aeronautischen Welt, denn sie hat die Luftschiffkunst zuerst mit Ernst angepackt und ihre Grundlagen erst geschaffen, von General Meusnier 1784 angefangen bis in die neueste Zeit. Aber sie ist noch nicht am

Ende ihrer Bestrebungen. Nahe vor uns steht noch eine ernste bedeutungsvolle Arbeit, die bewältigt werden muß, nämlich die zurzeit sich vollziehende Einführung eines brauchbaren Kriegsluftschiffes.

15. Das Luftschiff.

Über das Wesen eines Luftschiffes sind die Ansichten in Kreisen, die der Sache ferner stehen, zurzeit noch wenig geklärt. Man hört fast regelmäßig sagen, ja bei Wind kann es aber nicht fahren, wohin es will, bei Wind ist es nicht lenkbar. Die Verhältnisse müssen jedem Laien klar werden, sobald er sich zunächst die Erde ganz fort denkt. Das Luftschiff, welches seine Maschinen gestoppt hat, treibt in der Luft wie ein Floß im Wasser. Es findet nirgends einen Luftwiderstand und die Insassen haben daher das Gefühl vollständiger Windstille; von dem Augenblicke an, wo die Maschine in Gang gesetzt wird und die Propeller zu rotieren beginnen, merkt man von der Spitze herkommend Wind, d. h. das ist derjenige Wind, den das Luftschiff durch seine Eigenbewegung selbst hervorruft. Läßt man stoppen und die Maschine rückwärts laufen, so wird man schließlich den Wind von hinten her kommend empfinden. Auf jeden Fall läßt sich aber das Luftschiff, sobald die Maschine in Gang gesetzt ist, mit Hilfe der Steuer nach jeder beliebigen Richtung der Windrose hin bewegen. Der Wind wird beim Vorwärtsfahren immer nur allein von der Spitze her kommen. Die Größe der Eigengeschwindigkeit nun, die ein solches Luftschiff besitzt, ist das Charakteristikum seiner praktischen Brauchbarkeit, und sie ist heute in dem Typ Lebaudy bis zu 11,8 m p. s. oder 42,5 km in der Stunde gestiegen.

Werfen wir nun noch einen Blick auf die Erde, so ergibt sich, daß wir, wenn wir mit gestoppter Maschine uns in Windstille befinden, durch eine Luftverschiebung, die wir Wind nennen, in bezug auf den Erdboden mit verschoben werden. Wollen wir unsere Stellung mit dem Luftschiff zu irgendeinem Punkte auf der Erde festhalten, so müssen wir unsere Maschine in Gang setzen, die Spitze dem Winde entgegenstellen und die verschiebende Kraft des Windes durch die Kraft unserer Eigenbewegung in Verbindung mit richtiger Steuerstellung aufheben. War also die Verschiebung zum Erdpunkte 8 m p. s., so müssen wir, um über unserem Erdpunkt verharren zu können, fortgesetzt mit 8 m p. s. gegen den Wind anfahren. Setzen wir z. B. unsere Vollkraft mit 11,8 m p. s. ein, so werden wir gegen den Wind mit 3,8 m p. s. vorwärts uns zum Erdboden verschieben. Kommt aber unser Wind z. B. mit 8 m p. s. von Westen und beabsichtigen wir senkrecht zur Windrichtung nach einem Punkt genau nördlich von unserer Stellung zu fahren, so können wir dieses neue Ziel nur erreichen, wenn wir mit jeder Sekunde nicht allein nach Norden, sondern gleichzeitig 8 m p. s. nach Westen den Kurs richten, d. h. wir müssen die Spitze mit Hilfe der Steuerung in Richtung der Diagonale eines Rechteckes stellen, dessen Seitenlängen die Fahrgeschwindigkeiten nach Norden und nach Westen ausdrücken. Weht der Wind so stark, daß man ihn mit der Eigengeschwindigkeit nicht meistern kann, so verliert man allerdings in der Windrichtung rückwärts treibend seinen Ausgangspunkt. Man kann aber dabei alle innerhalb eines bestimmten Winkels liegenden Punkte der Landkarte erreichen. Die Größe dieses Winkels hängt von Wind- und Eigengeschwindigkeit ab.

Wenn man nun bei den verhältnismäßig wenig praktischen Versuchen mit Luftschiffen heute schon eine

Geschwindigkeit von 11,8 m p. s. = 42,5 km p. Stde. erreicht hat, so liegt es auf der Hand, daß man nach weiteren Erfahrungen zu noch größeren Geschwindigkeiten gelangen wird.

Der Luftschiffbau ist fast ausschließlich durch Deutsche und Franzosen gefördert worden. Nach Renards berühmten Versuch erfand Daimler (Fig. 48) in Cannstatt den leichten Benzinmotor.

Fig. 48:
Gottlieb Wilhelm Daimler,
der Erfinder des leichten Motors für Luftschiffe und Automobile.
Geb. 17. März 1834 in Schorndorf, gest. 6. März 1900 in Cannstatt.

Daimler bot 1887 persönlich der Luftschifferabteilung seine Erfindung zur Verwertung für ein Luftschiff an und führte sie an einem Motorboot auf dem Rummelsburger See bei Berlin praktisch vor. Aber man hatte weder den Auftrag noch die nötigen Mittel, diese Versuche selbständig aufzunehmen. So sah Daimler sich genötigt, seine Patente nach dem Auslande hin zu verkaufen, wo sie, besonders in Frankreich, durch Entwickelung des Automobilismus zu schneller Blüte gelangt sind.

In der Metallurgie, besonders in der der leichten Aluminiumlegierungen hatte Graf v. Zeppelin wertvolle Untersuchungen angestellt.

Der Ballonstoff war durch die preußische Luftschifferabteilung mit Hilfe der Privatindustrie in hervorragender Weise verbessert worden. Es waren dies Spezialstudien des zweiten Kommandeurs der Luftschifferabteilung, Majors v. Tschudi.

Graf Zeppelin hatte weiterhin im Zusammenarbeiten mit der Daimler-Motorenfabrik die Motoren für das Luftschiff betriebssicher gemacht, so daß der Mercedes-Motor daraus hervorgehen konnte.

Renard schließlich stellte durch Versuche fest, daß schnell fahrende längliche Luftschiffe zur Erhaltung ihrer Stabilität einer festen horizontalen Schwanzfläche bedürften, die sich beim Lebaudy-Luftschiff gut bewährt hat.

So sehen wir also den Wettkampf hindrängen zu der Konstruktion eines Luftschiffes, das von Jahr zu Jahr vollkommener wurde. Graf v. Zeppelin in Deutschland, Julliot (Fig. 49) in Frankreich machten ihre Projekte, jeder in seiner Weise. Während Graf Zeppelin ein ideales Kriegsluftschiff mit großen Fahrgeschwindigkeiten und weitem Aktionsradius vorschwebte, welches ihn veranlaßte, die Aufgabe gewissermaßen deduktiv zu lösen, hielt Julliot sich mehr an die bisherigen Schulerfahrungen und behandelte die Lösung induktiv. Zeppelins Pläne sind schwieriger auszuführen, aber sie sind für die Zukunft verheißungsvoller. Julliots Luftschiff, in der Erfindung nicht minder originell, war leichter und billiger herzustellen. Ersterer mußte und muß noch heute mit Mühen und Sorgen die nötigen Baufonds zusammentreiben, letzterer hatte das Glück, in den Gebrüdern Lebaudy (Fig. 50, 51) zwei der Sache zugewandte Mäcene zu finden.

Fig. 49: Henri Juillot, Erbauer des Lebaudy-Luftschiffes. Geb. 1855 in Fontainebleau.

So ist es erklärlich, wenn der sorgenlos arbeitende Julliot viel eher zu Resultaten gelangte. Und was für Resultate! Von Moisson, dem Bauplatz, fuhr das Luftschiff am 12. November 1903 nach dem Champ de Mars in Paris in 1 Stunde 41 Minuten, wo es in der großen Maschinenhalle untergebracht wurde (Fig. 52); am 21. November wurde von dort die Reise fortgesetzt nach Chalais Meudon, wo das Luftschiff bei der Landung leider havarierte (Fig. 53) und zu einem kleinen Häufchen Stoff und Drachenflächen zusammenfiel. Aber der Unfall war im Vergleich zu den erzielten Fahrerfolgen ganz bedeutungslos.

Fig. 50: **Paul Lebaudy.**

Mit letzteren war die Aufgabe, von welcher Montgolfier bei seinen Gedanken über die Belagerung von Gibraltar träumte und deren Unlösbarkeit 1870/71 während der Belagerung von Paris so übel empfunden wurde, ein Luftschiff von außerhalb in die Festung hineinzuführen, zum ersten Male gelöst.

Das französische Kriegsministerium wandte von nun an dem Lebaudy-Luftschiff ein besonderes Interesse zu. Nachdem dasselbe 1904 vergrößert und verbessert worden war, erhielt Juchmès den Auftrag, unter Mitnahme zweier französischer Offiziere von Moisson über Meaux nach Chalons und weiter nach Verdun oder Toul zu fahren. Dabei lag die Absicht vor, sich zunächst ein Urteil darüber zu bilden, was das Luftschiff im freien Felde, und zuletzt, was es im Festungskriege leisten könnte.

Fig. 51: **Pierre Lebaudy.**

Fig. 52: Das Lebaudy-Luftschiff in der großen Maschinenhalle zu Paris nach seinem Fluge von Moisson nach Paris am 12. November 1903.

Am 3. Juli 1905 3^{43} morgens fuhr das Lebaudy-Luftschiff bei schwachem Südwind mit seiner Bemannung Herrn Juchmès, dem Mechaniker Rey, sowie dem Luftschiffer Hauptmann Voyer von Moisson bis Meaux

Phot. Raffaele-Paris.

Fig. 53: **Das havarierte Lebaudy-Luftschiff** im Park von Chalais-Meudon am 21. November 1903.

(91 km Luftlinie bezw. 95 km Fahrlinie), wo es nach 2 Stunden 35 Minuten um 6^{20} vormittags landete.

Am 4. Juli wurde die Fahrt bei frischem Nordostwind fortgesetzt. An Bord stieg außerdem Major Bouttieux, der die Landung bei La Ferté-sous Jouarre um 5^{25} vormittags befahl (12,7 km Luftlinie, 17,5 kg Fahrlinie).

Am 5. Juli war stürmischer Wind, die vorher wohlüberlegte feldmäßige Verankerung legte hierbei eine gute Probe ihrer Brauchbarkeit ab.

Am 6. Juli morgens 8 Uhr fuhr man weiter nach dem Lager von Chalons. Die Landung daselbst erfolgte gegen 11 Uhr 21 Min. vormittags, also nach 3 Stunden 21 Minuten (Luftlinie 93 km, Fahrlinie 97,5 km). Nach der Landung geriet das Luftschiff infolge eines Windstoßes bei der ungewandten Handhabung durch die Soldaten gegen einen Baum und zerplatzte.

Fig. 54: Georges Juchmès, Führer des Lebaudy-Luftschiffes. Geb. 18. Juli 1874 in Paris.

Das Luftschiff hatte demnach 3 Tage und 3 Nächte, im ganzen 84 Stunden 5 Minuten im Freien kampiert und im ganzen 196 km Luftlinie bezw. 210 km Fahrlinie zurückgelegt. Es hatte nicht nur die eigene Feldmäßigkeit bewiesen, sondern auch gezeigt, daß es unter Umständen eine Feldarmee in ihren Operationen begleiten konnte.

Nach Toul geschafft und daselbst in einer dazu hergerichteten Reitbahn ausgebessert, konnten am 8. Oktober vorigen Jahres die Versuche wieder aufgenommen werden. Es werden durchaus günstige Ergebnisse über die Verwendung desselben im Festungskriege von dorther berichtet, was auch durch die Mitfahrt des ehemaligen Kriegsministers Berteaux am 24. Oktober vollauf seine Bestätigung findet (Fig. 55).

Seitdem soll die Einführung des Luftschiffes in die französische Armee angeordnet worden sein.

Fig. 55: **Kriegsminister Berteaux vor seiner Abfahrt im Lebaudy-Luftschiff** zu Toul am 24. Oktober 1905.

16. Das Lebaudy-Luftschiff.

Im Mai 1896 begann Ingenieur Juillot seine Luftschiffstudien; nach drei Jahren konnte er an deren Ausführung denken. Weitere 6 Jahre fortgesetzter zahlreicher Versuche bedurfte es, bevor das Fahrzeug in gegenwärtiger Vollendung fertig war.

Phot. Rol-Paris.

Fig. 56: Das Luftschiff der Lebaudys 1904 im Fluge von der Seite gesehen.

Bei Betrachtung der Konstruktion tritt es besonders hervor, daß eine große Sorgfalt auf die Erhaltung der Stabilität der Längsachse gelegt worden ist.

Zunächst stellt das Luftschiff als Figur (Fig. 56) von der Seite betrachtet ein mit der Spitze nach unten gerichtetes gleichschenkeliges Dreieck dar. In der unteren Spitze aber liegen sämtliche schweren Gewichte, die Gondel mit Motor, Kühlwasser, Benzin, Bemannung u. s. f.

Der Schwerpunkt liegt also tief unter der Mitte des langen Ballonkörpers und verleiht schon damit dem ganzen System eine gewisse Stabilität.

Juillot wollte sich die Stabilität aber auch in der Bewegung sichern, in der schon nach Erfahrungen von Renard aus den Jahren 1884/85 Stampfbewegungen eintraten, die störend auf die Fahrt einwirken müssen. Zu diesem Zweck brachte er unterhalb des Ballons große, breite Flugflächen an, die bei weiteren Versuchen nach dem weit hinten angebrachten Steuerruder hin nach Möglichkeit vermehrt wurden. Sein Fahrzeug erhielt schließlich das Aussehen eines an einem Ballon befestigten Drachenfliegers, und das ist es auch in der Tat. Und trotz aller dieser Vorsichtsmaßregeln schien die Stabilität der Längsachse noch nicht genügend gesichert, denn nachdem Renard durch Laboratoriumversuche festgestellt hatte, daß Stampfbewegungen bei jedem Luftschiffkörper eintreten, sobald seine Bewegungsgeschwindigkeit ein gewisses Maß überschritten und daß jenes Maß beim Lebaudy-Luftschiff bei 10,8 m p. s., die »kritische Geschwindigkeit«, wie er sie nannte, zu erwarten sei, mußte auf eine weitere Verbesserung der Stabilisierungsvorrichtungen Bedacht genommen werden.

Glücklicherweise hatte Renard selbst die Lösung gleich vorgeschlagen; sie bestand lediglich in der Anbringung einer horizontalen breiten Schwanzfläche am hinteren Ballonteil, von den Franzosen »l'empennage« genannt.

Das Luftschiff stellt nun im großen in seinen starren Teilen gewissermaßen eine Flugmaschine vor, die gewiß jeder bereits in seinen Jugendjahren mit den aus Papier gefertigten und trefflich fliegenden Pfeilen persönlich erprobt hat. Seine Stabilität hat sich bis zur Maximalgeschwindigkeit von 11,8 m p. s. als gute erwiesen.

Habe ich hier zunächst einmal den springenden Punkt für das Geheimnis des Erfolges dargelegt, so sollen auch die hauptsächlichen anderen wohlüberlegten Verbesserungen nicht unbeachtet bleiben.

Der Mercedes-Motor ist in der Mitte der Gondel (Fig. 57) montiert; die Propellerachsen stehen rechts und links nur soweit seitlich heraus, als es der erforder-

Phot. Rol-Paris.

Juchmès, Kapitän des Luftschiffes. — Rey, Maschinist.

Fig. 57: **Die Gondel und die Mannschaft des Lebaudy-Luftschiffes.**

liche Spielraum für die Propellerschrauben notwendigerweise verlangt. Damit sind alle Gefahren und Nachteile, welche lange Achsenführungen und Transmissionen im Gefolge haben können, sehr geschickt vermieden; der Motor wird immer mit Sicherheit funktionieren.

Die Gondel ist mit einer aeronautischen Takelage, an Stahltrossen hängend, am Ballon befestigt, um leicht mit dem Luftschiff landen zu können. Die starre Kraftübertragung der Motorkraft geschieht durch eine ganz geniale Erfindung Juillots, nämlich durch ein von der Gondel nach dem Vorderteil der Ballondrachenfläche hinaufführendes Treibgestell aus Nickelstahlröhren.

Bei allen aeronautischen Teilen hat Juillot der Rat des sachverständigen Luftschiffers Surcouf zur Seite gestanden; so konnte etwas verhältnismäßig Brauchbares zustande kommen. Verhältnismäßig, sage ich, weil sowohl seine Eigengeschwindigkeit wie seine Fahrtdauer noch größere werden müssen. Auch seine am 10. November 1905 in Toul praktisch ermittelte Maximalhöhe von 1120 m über der Auffahrtsstelle bzw. 1370 m über dem Meere ist für militärische Anforderungen noch nicht ideal.

Aber alles das sind Beanstandungen, die sich durch den Bau eines größeren Luftschiffes — der Lebaudy-Ballon faßt nur 2960 cbm — leicht erreichen lassen, welche daher der vorliegenden Konstruktion nicht zum Vorwurf gemacht werden können.

Juillot selbst sagt in seinem Vortrag über sein Luftschiff: »La voie du progrès sera dans la construction de ballons de plus en plus puissants; le dirigeable suivra la même voie, que le bateau à vapeur.«

Ob aber mit der Vergrößerung des Luftschiffes das leichte System des Prallballons beibehalten werden kann, erscheint sehr zweifelhaft. Bei Überschreitung einer bestimmten Eigenbewegung muß ein so langgestreckter Körper das Bestreben erhalten, sich zu stauchen. Die Stauchung führt bei fortgesetzter Überanstrengung zum Platzen.

Sobald diese Grenze erreicht und gefunden worden ist, wird man sich gezwungen sehen, zum starren Ballonsystem überzugehen.

Dem Lebaudy-Luftschiff wird ein militärischer Vorteil besonders nachgerühmt: es läßt sich vollständig zerlegen und in diesem Zustande auch auf der Eisenbahn transportieren.

Es ist eine Frage der Zeit, gleiches beim starren System zu erreichen, gleichwie man heute Schiffe zerlegt und Brücken zerlegt, um sie weit jenseits der Ozeane zum Gebrauch in kurzer Zeit wieder zusammenzusetzen.

Qui vivra verra!

17. Die Arbeiten des Grafen von Zeppelin.

Nach den Erfolgen, welche das Lebaudy-Luftschiff aufweisen kann, fragt naturgemäß ein jeder: wie steht es denn mit dem Luftschiff des Grafen von Zeppelin?

Der Graf von Zeppelin (Fig. 58) hat bereits einen langen dornenvollen Pfad hinter sich, wie er den meisten Erfindern nicht erspart bleibt. Als er, durchglüht von dem Patriotismus, den seine Idee in sich barg, die Pläne einer berufenen Kommission unterbreitete, fand diese mancherlei daran auszusetzen, und damit schwand für ihn zunächst jede Hoffnung auf Unterstützung. Kann man der Kommission daraus einen Vorwurf machen? Gewiß nicht, auf ihrem Spruche lastete eine große Verantwortung, und bei der Unsicherheit, in welcher menschliches Wissen in der Luftschiffrage damals noch mehr denn heute tappte, war es ihre Pflicht, vorsichtig zu sein und Vorsicht zu empfehlen.

Fig. 58:
Graf Ferdinand v. Zeppelin,
General d. Kav. z. D. General à la suite S. M. d. Königs von Württemberg, Exzellenz.
Geb. 7. Juli 1838 in Konstanz.

Für den Förderer dagegen ist Wagemut, ist Unternehmungsgeist, geweckt durch die Überzeugung von der Richtigkeit und von der Möglichkeit seiner Pläne, dringend erforderlich. Wer einen neuen Weg finden will da, wo niemand recht Bescheid weiß, kann aber keinen fragen, sondern muß selbst suchen, muß handeln.

Und das hat Graf von Zeppelin mit bewunderns-werter Energie und Ausdauer bisher getan. Er ist ein Förderer, der selbst seine Widersacher alle nach und

Phot. Hergesell.

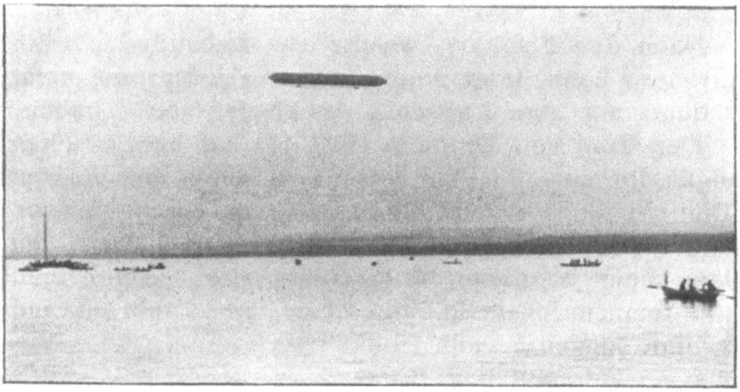

Fig. 59: **Luftschiff des Grafen von Zeppelin** während der Fahrt über dem Bodensee am 2. Juli 1900.

nach unter das Joch zwingt, seine Gedanken als richtig und durchführbar anerkennen zu müssen.

Das hat er zustande gebracht durch die wissenschaftlich gründliche Vorbereitung und Durchführung aller seiner Versuche.

Wer aber schon einmal im Dunkeln umhergetappt hat, weiß auch, daß man nicht immer sofort das Richtige findet. Man fühlt und gelangt durch richtige Schlüsse vom Irrwege ab auf den zum Ziele führenden.

Kann es anders sein bei Forschern? Niemals!

Graf von Zeppelin baute 1898 sein erstes großes Luftschiff (Fig. 59) mit starkem Aluminiumgerippe. Es war 128 m lang und faßte 11300 cbm Wasserstoffgas, ein Fahrzeug, wie die Luftschiffahrt in solcher Größe es bisher nicht kannte.

Verschiedene neue Gedanken waren darin zum ersten Male durchgeführt worden, so u. a. ein Ballon-Zellensystem, welches die Stabilität dieses langen Wagebalkens ermöglichte; eine äußere Hülle zur fortgesetzten Durchlüftung, um das Ballongas den Einwirkungen der Sonnenwärme zu entziehen; eine Verteilung der Motore auf zwei Gondeln gemäß dem Vorschlage von Paul Haenlein und zwei mechanische Steuervorrichtungen zur Veränderung der Höhenlage des Luftschiffes.

Und tatsächlich hat dieses Luftschiff von 10500 kg Gewicht mit zwei 16pferdestarken Daimler-Motoren bei den drei ersten Versuchen am 2. Juli, am 17. Oktober und am 21. Oktober 1900 Eigenschaften an den Tag gelegt, die dem unparteiischen sachverständigen Zeugen die Überzeugung aufdrängten: noch eine Reihe weiterer Versuche und Verbesserungen und alles, was Graf von Zeppelin behauptet, steht fertig vor uns!

Das Luftschiff erreichte damals eine Geschwindigkeit von etwa 7,6 m p. s. und fuhr bei der zweiten und dritten Fahrt mehrere geschlossene Kurven, die, wie hier besonders hervorgehoben werden muß, durch trigonometrische Winkelmessung, also sehr genau, in beifolgender Projektion festgelegt sind (s. Fig. 60).

Seine Majestät der Kaiser erkannte diese sorgfältige, mühevolle Arbeit in gnädigster Weise an, indem er folgendes Kabinettschreiben an den Grafen richtete:

»Nachdem Mir über die Aufstiege mit dem von Ihnen erfundenen Luftschiff berichtet worden ist, gereicht es Mir zur Freude, Ihnen Meine Anerkennung für die Ausdauer und Mühe auszusprechen, mit der Sie trotz mannigfacher Hindernisse die selbstgestellte Aufgabe erfolgreich durchgeführt haben. Die Vorzüge Ihres Systems — Teilung des langgestreckten Ballons in Kammern, gleichmäßige Verteilung der Last durch zwei getrennt arbeitende Maschinen, ein in vertikaler Richtung zum erstenmal erfolgreich tätiges Steuer — haben Ihrem Luftschiff die bisher größte Eigengeschwindigkeit sowie

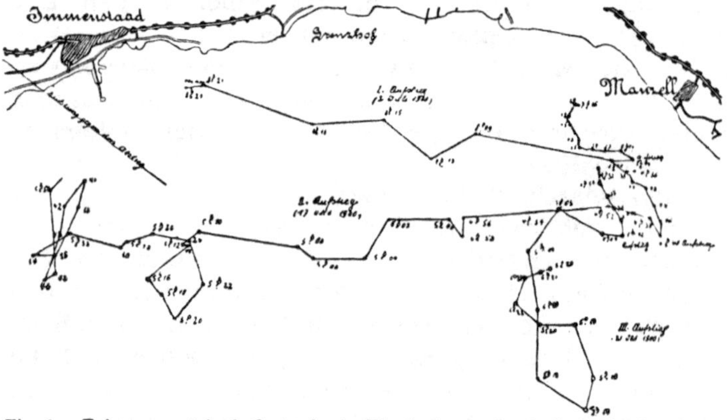

Fig. 60: **Trigonometrisch festgelegte Flugbahnen** des Luftschiffes des Grafen v. Zeppelin am 2. Juli, 17. Oktober und 21. Oktober 1900.

Steuerbarkeit verliehen. Die erreichten Resultate bedeuten einen epochemachenden Fortschritt in der Konstruktion von Luftschiffen und haben eine wertvolle Grundlage für weitere Versuche mit dem vorhandenen Material geschaffen. Solchen Versuchen will ich Meine Unterstützung dadurch gewähren, daß Ihnen der Rat und die Erfahrung der Luftschifferabteilung jederzeit zur Verfügung stehen soll.

Ich habe daher befohlen, daß die Luftschifferabteilung, so oft es nützlich sein sollte, einen Offizier zu

Ihren weiteren Versuchen zu entsenden hat. Um Ihnen aber auch äußerlich einen Beweis Meiner Anerkennung zu geben, verleihe ich Ihnen hiermit den Roten Adlerorden I. Klasse.

Neues Palais, den 7. Januar 1901.

Wilhelm I. R.

An
den Königl. Württembergischen
Generalleutnant und General-Adjutanten
Seiner Majestät des Königs
Grafen v. Zeppelin.

Seitdem ist es dem Grafen v. Zeppelin gegen Ende des Jahres 1905 gelungen, nach glücklicher Überwindung unendlich vieler neuer Schwierigkeiten eine zweite, vielfach verbesserte Konstruktion seines Luftschiffes fertigzustellen.

Letztere ist wenig kleiner und dabei sehr viel starrer und haltbarer im Gesamtaufbau. Sie ist diesmal 16kantig, 126 m lang bei 11,7 m Durchmesser und faßt 10396 cbm Gas. Die beiden Aluminiumgondeln sind derart konstruiert, daß sie auf Wasser vorwärts fahrend sich leicht von letzterem abheben. Jede Gondel hat einen Mercedesmotor von 85 Pferdestärken, so daß das Luftschiff insgesamt die bisher nie dagewesene Motorkraft von 170 Pferdestärken aufzuweisen hat. Vorn und hinten sind Steuervorrichtungen zu Bewegungen in horizontaler und vertikaler Richtung angebracht. Auf jeder Seite befinden sich zwei nach neuen Plänen gefertigte dreiflügelige Schrauben.

Bei den Versuchen geht Graf v. Zeppelin sehr sorgfältig vor. Kurz vor der Ausführung findet jedesmal eine sehr eingehende Besprechung (Fig. 61) des Versuchszweckes statt, wobei die Aufgaben auf die einzelnen Teilnehmer und Helfer verteilt werden. Auch die

Vorsicht, welche beobachtet wird, muß besonders hervorgehoben werden. Der Graf hat neuerdings die Absicht, sich vom Wasser aus in die Luft zu erheben. Seine Gondeln sind seefest gebaut; daß es mit Hülfe der vertikal wirkenden Steuer möglich ist, die Gondeln aus dem Wasser herauszuheben, hat bereits der Versuch vom 30. November 1905 erwiesen (Fig. 62), ebenso

Phot. Moedebeck.

Fig. 61: **Graf von Zeppelin bespricht einen bevorstehenden Versuch mit seinen Freunden und Angestellten.**

konnte hierbei festgestellt werden, daß das bewegte Luftschiff durch das Luftsteuer auf dem See schwimmend zu bewegen ist. Diese Tatsache ist bei dem Mangel an Steuerrädern für die Wasserfahrt an den Gondeln von wesentlicher Bedeutung. Sehr deutlich konnte diese Beobachtung von allen Zuschauern festgestellt werden, als das Luftschiff nach dem Versuch an seine Ballonhalle mittels Schleppdampfers wieder heranbugsiert wurde. Infolge der vom Grafen veranlaßten Luftsteuerstellungen gierte das Luftschiff abwechselnd nach rechts und nach links (Fig. 63).

Die Ballonhalle befindet sich nicht mehr schwimmend im Bodensee, sondern auf dem Ufer bei Marzell in den See hineingebaut. Die vielen üblen Erfahrungen, welche bei Stürmen im Bodensee mit der schwimmen-

Phot. Moedebeck.

Fig. 62: **Graf v. Zeppelins Luftschiff** erhebt sich in der Fahrt von der Wasserfläche des Bodensees am 30. November 1905.

den Halle gemacht worden sind, haben diese Änderung als Verbesserung erscheinen lassen. Der Wechsel in der Wasserhöhe des Sees hat nun freilich auch für die derzeitige Einrichtung einige Nachteile hervorgerufen.

Es ist nicht einfach, bei tiefem Wasserstand das lange Flugschiff aus der Halle herauszuschaffen. Der Gedanke, den mittleren Bodenbelag, auf dem das Luftschiff befestigt ist, als Floß mit demselben herauszuziehen, kann nicht verwirklicht werden, sobald die Bauhalle fast vollständig auf dem Trocknen steht, wie es im Herbst und Winter 1905 der Fall war. Es bleibt dann nur übrig, das Luftschiff vorsichtig herauszuziehen, erst auf Pontonpaare zu setzen und so in den See hinaus zu schaffen (Fig. 64).

Phot. Moedebeck.

Fig. 63: **Bugsieren des Luftschiffes** des Grafen v. Zeppelin in die Ballonhalle am 30. November 1905.

Die Manöver hierbei sind, wenn einiger Wind vorherrscht, nicht ganz leicht, verlangen jedenfalls gute Vorbereitung, viel Umsicht seitens der Leitung und ein geübtes, gut diszipliniertes Personal. Alles das ist bei dem Unternehmen des Grafen von Zeppelin in vollstem Maße vorhanden. Wir können daher nur wünschen und hoffen, daß er hinter dem Lebaudy-Luftschiff in keiner Weise zurückstehen wird, sobald er erst wie dieses bei der Fahrt des Ministers Berteaux in Toul seine 75. Versuchsfahrt wird verzeichnen können.

Bei seinem letzten Versuch am 17. Januar 1906 wich Graf v. Zeppelin leider ab von seinem ursprünglichen Programm, sich mit dynamischen Mitteln vom Bodensee aus zu erheben.

Das Luftschiff wurde, auf einem Floß befestigt, auf die Mitte des Bodensees geschleppt und erhob sich von hier aus mit einem an Dynamometern vorher abgemessenen Auftrieb von 50 kg. Da aber seine 16 Gas-

Phot. Moedebeck.

Fig. 64: **Das Herausbringen des Luftschiffes** des Grafen v. Zeppelin aus der Ballonhalle am 30. November 1905.

ballons nicht prall gefüllt waren, erreichte es seine Gleichgewichtslage erst in etwa 400—500 m Höhe. Der Kurs wurde nach dem Schloß von Friedrichshafen genommen, welches mit großer Eigengeschwindigkeit auch bald erreicht wurde.

Infolge des Stampfens des Langkörpers traten aber über Friedrichshafen Störungen an den Motoren ein, die nacheinander versagten; außerdem war das Seitensteuer überdreht worden und ließ sich nicht mehr geradeaus stellen.

Dem Winde überlassen, landete Graf v. Zeppelin bald darauf auf einer Waldwiese bei Kislech im Algäu.

Wegen des gefrorenen Bodens versagte die Ankeregge. Das Luftschiff legte sich daher breitseits vor den Wind und trieb mit seinem hinteren Teil gegen einen Baum, der seine weitere Fortbewegung aufhielt, so daß es hier, ohne weiteren Schaden genommen zu haben, verankert werden konnte.

Dem Zeppelinschen System ist bekanntlich stets vorgeworfen worden, daß es nicht auf festem Boden landen könne, es müsse dabei zerschellen.

Die Praxis hat die völlige Unhaltbarkeit dieser Behauptung erwiesen. Der Fall derartiger großer starrer Körper ist infolge ihres Luftwiderstandes ein äußerst langsamer. Die gleiche Beobachtung wurde im übrigen auch schon für die Landung des Aluminium-Luftschiffes von David Schwarz im Jahre 1897 von Hauptmann v. Tschudi bestätigt gefunden. Sind die erforderlichen Helfer bereit, die herabhängenden Halteleinen zu ergreifen und festzumachen, so kann auch die Landung starrer Ballonkörper auf Land als durchführbar und als gefahrlos angesehen werden.

Die schließliche Zerstörung des Zeppelinschen Luftschiffes erfolgte durch einen orkanartigen Sturm in der Nacht vom 17. zum 18. Januar, unter dessen Druck sich besonders die gasleer gemachten Schotten des Gerippes stark verbogen hatten. Es wäre sehr wünschenswert, daß die Arbeiten neu aufgenommen und fortgesetzt werden. Bei dem starren System ist es technisch gar nicht so schwierig ausführbar, die Stampfbewegungen durch große horizontale Schwanzflächen zu beseitigen.

Früher oder später, d. h. von dem Augenblicke an, wo die Eigengeschwindigkeiten so zunehmen werden, daß sie für den Prallballon infolge des entgegenstehenden Luftdruckes die Gefahr eines Zerplatzens mit sich bringen, wird man zu dem System des Starrballons zurückkehren müssen.

Graf v. Zeppelin hat das Verdienst, von vornherein den Weg der zukünftigen Entwicklung beschritten zu haben.

18. Am Ziel.

Vollkommenes gibt es nicht auf der Welt! Trotzdem haben wir heute einen Erfolg zu verzeichnen, der auf jeden Fall geeignet ist, die prinzipiellen Widersacher mundtot zu machen, die Gläubigen zu kräftigen und zu mehren und die Wissenden in ihrer Arbeit zu ermuntern und zu fördern.

Das ist ein großer Fortschritt!

II. Die Zukunft der Luftschiffahrt.

Einleitung.

Wer sich auf das Gebiet der Hypothesen und Prophezeiungen begibt, dem widerfährt es, oft mit einer gewissen Berechtigung, daß er mit allen seinen Behauptungen auf Zweifel stößt. Mit Zweiflern, Kleingläubigen und Ungläubigen ist beim Beschreiten neuer Bahnen immer zu rechnen. Nicht jeder kennt das Wesen und die Technik der Luftschiffahrt und Vielen, die sie kennen, verlohnt es nicht der Mühe, sich über Fortschritte und Aussichten Rechenschaft zu geben an der Hand einfacher Rechnungen, um die daraus sich ergebenden logischen Folgerungen zu ziehen. Es ist auch vorsichtiger und sehr viel bequemer, zu zweifeln und ein passives Verhalten zu beobachten, als nach kritischer Behandlung der Sache das Mögliche vom Unmöglichen auszuscheiden und die Entwicklung nach dem möglichen Ziele hin zu fördern.

Mag sich der freundliche Leser zu dem nachfolgenden Zukunftsbilde nun stellen, wie er es mit seinen eigenen persönlichen Überlegungen vereinbaren kann, ich beanspruche von vornherein keine Nachbeterei der von mir dargelegten Möglichkeiten und Wahrscheinlichkeiten.

Daß aber nichts von meinem Zukunftsbilde unmöglich und nichts von ihm unwahrscheinlich ist, daran halte ich persönlich fest, und das glaube ich auch nachweisen zu können. In welcher Form solche Zukunftsgedanken zur Durchführung gelangen, kann freilich nicht angegeben werden, denn Erfindung, Versuch und

Erfahrung modeln eine nicht vorauszusehende Mannigfaltigkeit heraus.

Es führen bekanntlich viele Wege nach Rom!

1. Das Luftschiff als Verkehrsmittel.

Bei dem unbehinderten Wege durch die Luft war man von alters her geneigt anzunehmen, daß das Luftschiff völlig umgestaltend auf den Weltverkehr einwirken müsse. Das ist unter allen Umständen eine große Täuschung, die sich geschichtlich aus der falschen Annahme herleitet, daß Luftschiffe ebensoviel transportieren könnten wie Seeschiffe. Das Charakteristische der aeronautischen Technik ist große Leichtigkeit in sämtlichen Baumaterialien und Ausrüstungen. Diesem Grundzuge unserer Technik verdanken wir viele Fortschritte unserer heutigen Kultur, denn für die Luftschiffahrt sind ursprünglich die leichten Motore ausgedacht worden, die die Seele des heutigen Automobilismus bilden, und mancherlei andere Fortschritte in der Metallurgie der leichten Metalle, in der Herstellung fester, gasdichter Stoffe von geringem Gewicht verdanken ihr Entstehen den Anregungen der aeronautischen Technik. Daraus folgt aber, daß große Gewichte nicht von Luftschiffen zu tragen sind. In erster Linie kommt also nur die Reise einzelner bedeutender Personen (Gambetta 1870/71) in Frage. Läßt man das Luftschiff als Frachtenvermittler auftreten, so kann es sich nur um relativ wertvolle handeln und man wird triftige Gründe haben müssen, sie nicht auf der Eisenbahn oder mit dem Schiff zu transportieren. Das kann eintreten, wo die letzteren beiden Verkehrsmittel vorübergehend nicht zu gebrauchen sind, wie es z. B. im Kriege vorkommen kann, oder wo sie überhaupt nicht vorhanden sind, z. B. in Kolonien, wie in Südwestafrika.

Man wird fragen, wieviel kann wohl in Gewichten an Fracht mitgeführt werden. Im allgemeinen um so mehr, je größer das Luftschiff ist, je geringer sein Gewicht und je kürzer die Fahrstrecke ist.

Ein Kubikmeter Wasserstoffgas, mit dem die Luftschiffe gefüllt sind, trägt rund 1 kg. Bei Vergrößerung des Luftschiffes wächst der Inhalt, also auch die Tragkraft im kubischen Verhältnis, die Oberfläche im quadratischen, der Durchmesser im einfachen Verhältnisse. Dasselbe Verhältnis tritt aber auch bei den metallenen schweren Konstruktionsteilen auf und bei diesen leider zu ungunsten der Tragkraft. Es ist daher Sache eines geschickten Konstrukteurs, Leichtigkeit und Festigkeit so zu vereinigen, daß größere Luftschiffe wesentlich günstigere Tragkräfte erhalten.

Die Fahrstrecke spielt weniger eine Rolle dabei wegen der Gasverluste, die durch Diffusion und Mangelhaftigkeiten der Ballonhüllen eintreten, weil man stets annehmen kann, daß solche so gering sind, daß sie durch den Benzinverbrauch beim Fahren vollends ausgeglichen werden. Es handelt sich hier vielmehr einmal um zufällige Einwirkungen, die sehr störend werden können, wie beispielsweise Niederschläge von Regen, Schnee u. s. f., für welche weite Reisen viel mehr Gelegenheiten bieten, die daher für eine sichere Fahrt durch vermehrte Ballastmitnahme in Rechnung zu setzen sind. Dann aber braucht man natürlich für weite Fahrten ohne Unterbrechung auch sehr viel Benzin. Das Benzingewicht ist also von vornherein von der Tragkraft für Nutzlasten in Abzug zu bringen.

Aus diesen Gründen läßt sich a priori von keinem Luftschiff sagen, es kann so und soviel an Fracht mitnehmen. Nur von Fall zu Fall läßt sich dieser Frachtsatz bestimmen. Kann das Luftschiff auf seinem Wege verschiedene Benzinstationen anfahren und seinen Benzinvorrat dort ergänzen, so wird das für die Größe der Fracht mitbestimmend sein. Es brauchte dann zunächst nur soviel Benzin mitzunehmen, als es zum Erreichen der nächsten Station bedarf. Solche Stationen wird man auch zweckmäßig für Luftschiffe derart einrichten, daß sie zu gleicher Zeit ihre Wasserstoff- und Ballastverluste ergänzen können.

Diese Einrichtungen lassen sich natürlich nur auf Land anlegen. Das Befahren der Ozeane mit Luftschiffen ist auf deren Aktionsradius beschränkt, wenn nicht hier Inseln zu gleichen Ergänzungsstationen einzurichten sind, Inseln, die innerhalb der durch unsere Technik zu leistenden Aktionsradien gelegen sind.

Mit dem von der Marine entlehnten Begriff »Aktionsradius« muß man aber in der Luftschiffahrt sehr vorsichtig sein. Er ist eine veränderliche Größe! Wechsel von Windstärke und Windrichtung können ihn günstig oder ungünstig beeinflussen. Beides kann nicht nur im Verlaufe der Fahrzeit in einer bestimmten, sich gleichbleibenden Fahrhöhe eintreten, sondern auch bei nicht beabsichtigtem und doch durch die Verhältnisse erzwungenem Höhergehen des Luftschiffes. Das Luftschiff fährt eben im Raume! Im allgemeinen nehmen in unseren Breitegraden, soweit sie praktisch für Luftschiffe in Betracht kommen, die Windstärken mit der Höhe zu. In den Passatgegenden nehmen sie nach den neuesten Forschungen ziemlich regelmäßig in 1000 m plötzlich ab. Man wird also bei uns sich bemühen, möglichst tief zu fahren, wenn man gegen den Wind arbeiten muß, man wird höher fahren, wenn man mit dem Winde geht. Fährt man unter einem Winkel mit oder gegen die Windrichtung, so ist in der Wahl der Fahrhöhe entsprechend zu verfahren. Dabei sind wellenförmige

Ablenkungen von der Fahrtrichtung immerhin möglich, solange nicht die Eigengeschwindigkeit des Luftschiffes unter allen Umständen unsere Windgeschwindigkeiten sicher beherrscht.

Das Lebaudy-Luftschiff hat als längste zurückgelegte Fahrstrecke an einem Tage in 3 Stunden 21 Minuten bisher 98 km zu verzeichnen oder in gerader Luftlinie 93,12 km. Es soll nach französischen Berichten gegen einen lebhaften Wind angefahren sein. Es würde demnach erheblich schneller zum Ausgangspunkte mit dem Winde zurückgekehrt sein. Wir wissen nicht, wie groß der Benzinvorrat noch gewesen ist, daher können wir mit großer Vorsicht und Sicherheit den nachgewiesenen Aktionsradius dieses Luftschiffes zunächst rund mit 50 km in Ansatz bringen. Das ist an sich recht wenig, wenn man das Luftschiff als ein Verkehrsmittel ansprechen will, aber man muß bedenken, daß wir doch erst im Beginn der Entwickelung des Luftschiffes stehen, und man kann in Berücksichtigung dieser Sachlage nur staunen darüber, daß ein sachkundig mit den nötigen Mitteln durchgeführtes Unternehmen nach etwa 76 Versuchsfahrten innerhalb von drei Jahren ein derartiges Resultat zeitigen konnte. Dieses Ergebnis berechtigt zu weiteren Hoffnungen!

Alle anderen Versuche früherer Zeiten von Giffard an bis auf die Neuzeit, ausgenommen die von Santos Dumont, welcher lediglich Sportszwecke verfolgt, sind nur Anfänge von Versuchen gewesen und geblieben.

Fragt man nun nach der Art der Frachten, die wohl für die oben angeführten Verkehrsfälle eines Luftschiffes in Betracht kommen könnten, so lassen sich die Bedürfnisse der Zukunft ja schwer alle übersehen.

Nach Kriegserfahrungen hat sich herausgestellt, daß einzelne Medikamente einer belagerten Festung leicht ausgehen und von außen nur auf dem Luftwege eingeführt werden können. Auch Instrumente können in Betracht kommen, ferner Brieftauben, Feuerwerkskörper, seltene Chemikalien und Briefschaften im Umfange einer Ladung von einigen hundert Kilogramm bei einmaliger Fahrt eines einzelnen Luftschiffes.

Aber abgesehen von diesen lediglich auf den Kriegsfall beschränkten Verwendungen ist es wohl möglich, daß sich sehr reiche Leute für ihre Reisen solche Luftautomobile bauen lassen. Über Land ist das Luftschiff das sauberste und schönste Fahrmittel. Es ist unabhängig von jeder Straße mit allen den Unbequemlichkeiten, die sich den Selbstfahrern so lästig in den Weg legen. An das laute Rasseln des Luftpropellers hat man sich bald gewöhnt.

Freilich, das Automobil fährt überall dahin, wohin man es haben will, allerdings nur auf guten Wegen. Das Luftschiff braucht auf die Wegsamkeit des Geländes keine Rücksicht zu nehmen, aber es ist zurzeit noch beschränkt in der Beherrschung der Windrose. Trotzdem sind wir auch mit der Eigengeschwindigkeit des Luftschiffes in der kurzen Zeit von 20 Jahren bei so wenigen Versuchen überraschend schnell fortgeschritten.

Renard-Krebs maßen ihre Eigengeschwindigkeit 1884/85 auf 6,5 m pro Sekunde oder 23 km pro Stunde.

Graf Zeppelin berechnete dieselbe 1900 auf 7,8 m pro Sekunde oder 28 km pro Stunde.

Lebaudy erreichte 1905 11,8 m pro Sekunde oder 42 km pro Stunde.

Wie bedeutsam dieser Fortschritt innerhalb fünf Jahren ist, möge man daraus ermessen, daß die Motorstärken wachsen mit dem Kubus der Eigengeschwindigkeiten

Das Lebaudy-Luftschiff erreichte seine obige Eigenschwindigkeit von 11,8 m pro Sekunde mit einem

Motor von rund 50 Pferdestärken. Um eine Eigengeschwindigkeit von 15 m pro Sekunde zu erhalten, muß es unter sonst gleichen Abmessungen einen Motor von über 120 Pferdestärken haben, wobei dann noch immer Zweifel entstehen, ob die Propeller alsdann noch allen Anforderungen auf Leistungsfähigkeit und Haltbarkeit entsprechen.

Das letzte Luftschiff des Grafen von Zeppelin hatte zwei Motore zu je 85 Pferdestärken. Angenommen, es besäße als starrer Gitterballon gleichgünstige Luftwiderstandsverhältnisse, abgesehen von seinem größeren Durchmesser, wie der Prallballon der Lebaudys, so müßte es theoretisch eine Eigenschwindigkeit von annähernd 15 m pro Sekunde mit seinen beiden Motoren von in Summa 170 Pferdestärken erreicht haben. Das Luftschiff wird aber seiner Form und Konstruktion nach vermutlich höhere Reibungswiderstände bieten und daher 15 m pro Sekunde Eigengeschwindigkeit nicht vollkommen erreichen.

Es kann aber durchaus keinem Zweifel unterliegen, daß Fortschritte nach dieser Richtung hin in nicht zu langer Zeit eintreten werden, sobald erst vergleichende Versuche eingeleitet worden sind. Mit dem Zunehmen der Eigenschwindigkeit wächst aber auch der Aktionsradius und damit die Verwendungsfähigkeit des Luftschiffes als Verkehrsmittel mit den dargelegten Beschränkungen.

2. Das Luftschiff im Dienste von Entdeckungsreisen.

Sobald reiche Leute mit ihrem eigenen Luftschiff, was, nebenbei bemerkt, gar nicht so erheblich kostspielig ist, fahren werden, wird man in der Öffentlichkeit die technischen Fortschritte dieser Fahrzeuge erkennen.

Man dürfte sich dann wohl die Frage vorlegen, ob es zweckmäßig ist, einer Entdeckungsexpedition zur Ergänzung ihrer Ausrüstung ein solches Fahrzeug mitzugeben. Der heutige, für solche Entdeckungsreisen noch viel zu kleine Aktionsradius des Luftschiffes läßt den Zeitpunkt für dessen Brauchbarkeit zu geographischen Reisen vorläufig noch nicht absehen. Man muß dabei auch berücksichtigen, daß unsere heutigen Luftschiffe beim Landen noch sehr der menschlichen Hilfeleistung bedürfen. Das widerstrebt der Verwendung derselben in noch unbekannten unkultivierten Gegenden.

Rundfahrten für Entdeckungen von einer Erdstation aus macht aber der kleine Aktionsradius vorläufig noch zwecklos.

3. Das Luftschiff als Sportfahrzeug.

In den letzten Jahren ist es Mode geworden, bei allen Internationalen Ausstellungen Wettfliegen zwischen Luftschiffen und Flugmaschinen auf das Programm zu bringen. Alle diese Pläne sind verfrüht und so kam es, daß jene Wettfliegen jedesmal kläglich verliefen.

Fig. 65: **Alberto Santos Dumont**, geb. 20. Juli 1873 in São Paulo in Brasilien, Gewinner des Deutsch-Preises von 125000 Frs. durch seine Fahrt im Luftschiff um den Eiffelturm am 19. Oktober 1901.

Die Tatsache, daß Santos Dumont (Fig. 65 u. 66) mit seiner Rundfahrt von St. Cloud um den Eifelturm herum am 19. Oktober 1902 den Deutsch-Preis von 125000 Frs. gewonnen hat, brachte im Verein mit der Sensationslust der Weltausstellungskomitees diese neue Programmnummer internationaler Ausstellungen in die Welt.

Aber große Ereignisse werfen ihre Schatten voraus, und es ist immerhin denkbar, daß sich mit Einführung der Luftschiffe in die Armee auch um den bisher alleinstehenden Santos Dumont Sportsleute sammeln, die sich dem Sportluftschiff ganz besonders widmen. Mit dieser Möglichkeit rechnen auch bereits die »Statuts et Règlements de Fédération Aéronautique Internationale«,

Phot. E. Gaillard, Paris.

Fig. 66: **Santos Dumont** kehrt in seinem Sportluftschiff Nr. 9, genannt die »Luft-Balladeuse«, nach dem Parke des Aéroclub de France in Paris zurück.

indem sie einen besonderen Abschnitt »Concours pour aérostats à moteur propulsif« diesen Wettflügen widmen. Die deutschen Vertreter auf der internationalen Konferenz der Luftschiffahrtsvereine zu Paris im Oktober 1905 machten kein Hehl daraus, daß sie diesen Abschnitt für etwas verfrüht und zunächst noch für unnötig hielten, aber die Ausstellungskomitees treiben uns nach dieser Richtung hin, und es wird ja auch nichts schaden, wenn ihnen vernünftige internationale Grundlagen für diese Wettflüge an die Hand gegeben werden.

Die gebotenen Preise stehen niemals im Verhältnis zu den Unkosten, welche die Beschaffung eines solchen Luftschiffes heutzutage, wo noch alles sich im Versuchsstadium befindet, mit sich bringt. Der Wettflug mit Luftschiffen wird also der Sport der reichsten Leute werden, denen das Automobil keinen Reiz mehr bietet, oder es werden sich Genossenschaften bilden, die gleichzeitig materielle und industrielle Interessen mit diesen Wettflügen verbinden werden.

Auf jeden Fall können sie zur technischen Entwickelung des Luftschiffes wesentlich beitragen.

4. Das Luftschiff als Erkundungsfahrzeug im Kriege.

Wer mit Aufmerksamkeit die Erscheinungen der modernen Kriege verfolgt hat, findet eine fortgesetzte Wiederholung der Klagen darüber, daß man vom Gegner entweder nichts oder bei seltenen Gelegenheiten nur wenig sieht, und daß es der zur Aufklärung vorgesandten Kavallerie äußerst schwer wird, rechtzeitig Meldungen über den Gegner herbeizuschaffen.

Diese Erscheinungen sind durch die Verbesserung der Feuerwaffen und die dadurch bedingten größeren Kampfentfernungen, durch das rauchschwache Pulver, durch die unscheinbaren Kriegsuniformen und durch die in breiter Frontausdehnung sich gegenüberstehenden Massenheere hervorgerufen worden.

Die nur spärlichen, oft unvollkommenen und unzusammenhängenden, meist verspätet eintreffenden Nachrichten von Patrouillen, die häufig ganz unzuverlässigen Mitteilungen von Agenten bringen das mit der Verantwortlichkeit für eine ganze Nation belastete Oberkommando einer Armee, welches zu einem bestimmten Entschluß gedrängt wird, in eine höchst unangenehme Lage.

Es ist klar, hier wird ein neues Kriegsmittel zur Beseitigung aller dieser Unsicherheiten dringend herbeigewünscht. Man hat ja freilich bereits den Fesselballon! Was aber kann ein Fesselballon und selbst mehrere auf Entfernungen von sechs bis sieben Kilometern erkennen, heute, wo das System der gegenseitigen Täuschung so vortrefflich ausgebildet ist, und wie leicht und wie schnell sind diese Beobachter, wenn sie zu kühn sich vordrängen, von der Artillerie außer Gefecht gesetzt!

Aus diesen Gründen wird der Wert eines Luftschiffes zur Erkundung auf dem Schlachtfelde und bei Belagerungen und Verteidigungen befestigter Plätze und Stellungen allgemein als dringendes Bedürfnis anerkannt, und es gibt auch keinen Luftschiffer, der solchen Dienst heute noch für unmöglich halten würde. Die Bedürfnisfrage allein bildet den ersten Grund für die Einführung eines Luftschiffes in die Armee, und es ist anzunehmen, daß man auch in Frankreich bei der nunmehr geplanten Bestellung von neun Armeeluftschiffen in erster Linie die Erkundung im Auge hat.

In welcher Weise die Erkundung ausgedehnt werden kann, ob sie auch schon den strategischen Aufmarsch der Armeen aufdecken kann, hängt schließlich lediglich von dem Aktionsradius der eingeführten Luftschiffe ab und von der Geschicklichkeit ihrer Bemannung, mit Wind, Wetter und Maschinenkraft zu rechnen.

5. Das Luftschiff als Waffe.

Das Luftschiff als Waffe zu gebrauchen zum Herabwerfen von Sprengkörpern, Brandkörpern, Stinkkörpern und schlimmeren Dingen wie Krankheitserregern, ist ein uralter Traum, der heute durchaus nicht mehr in das Gebiet der Unmöglichkeit gehört. Man darf selbstverständlich nicht annehmen, daß man der schweren Artillerie im Abwerfen von Eisenmassen jemals irgendwelche Konkurrenz bereiten werde. Das ist völlig ausgeschlossen. Die Gewichte, die man mitführen und abwerfen könnte, werden, wie schon wiederholt angedeutet, für ein einzelnes Luftschiff einige hundert Kilogramm nicht übersteigen.

Treten wir der völkerrechtlichen Frage näher und berücksichtigen wir den Beschluß der Haager Friedenskonferenz vom Jahre 1898, der besagt:

»Die vertragschließenden Mächte willigen für die Dauer von fünf Jahren ein, das Werfen von Geschossen oder Explosivstoffen aus Luftballons oder durch anologe Mittel zu untersagen.«

Diese Frist ist heute verflossen. Wozu diese Bestimmung dienen sollte zu einer Zeit, als es Luftschiffe in diesem Sinne noch gar nicht gab, ist nicht leicht einzusehen. Jedenfalls hat sie die Fortentwicklung der Luftschifftechnik glücklicherweise nicht aufgehalten. Aber welche Ungerechtigkeit liegt in dieser Bestimmung der Luftschiffahrt gegenüber? Man muß sich sehr wundern darüber, daß man dem Luftschiffer die Waffe entwindet, ohne auch zugleich das Verbot aufzunehmen, daß auf ihn geschossen werde! Davon stand aber nichts in den internationalen Abmachungen, das Luftschiff durfte beschossen werden, aber vom Luftschiff aus durfte man sich nicht wehren. Es steht zu hoffen, daß sich in Zukunft kein Staat mehr zu derlei Abmachungen bereitfinden dürfte.

Niemand kann bestreiten, daß der Abwurf von schadenbringenden Körpern vom Luftschiff aus möglich ist. Jeder Luftschiffer hat wohl vom Freiballon aus gelegentlich eine leere Flasche, vielleicht in Notlagen mit Wehmut auch schon eine volle Weinflasche oder in der Eile einen vollen Sandsack über Bord geworfen in Gegenden, wo man sicher war. keinen Schaden damit anzurichten. Es ist zu natürlich, dabei der fallenden Flasche nachzuschauen und ihr lautes Aufschlagen auf den Erdboden zu erwarten. Stellt man sich nun hierunter ein solches Explosivgeschoß vor, so wird ohne weiteres jeder zugeben, daß ein solches an Durchschlagskraft gewinnt, je schwerer es ist, je besser es den entgegenstehenden Luftwiderstand überwindet und je höher es herabgeworfen wird. Es sind selbstredend für alles Grenzen vorhanden, für das Geschoßgewicht, für die Luftwiderstandsüberwindung und für die Luftschiffshöhen, aus denen man mit Treffsicherheit werfen kann, aber innerhalb dieser Grenzen kann man doch voraussagen, daß der vorhandene Spielraum die Aussicht auf gute Wirkung gewährleistet.

Man wird sehr wohl dahin kommen, Gewichte von 75 kg, d. h. gleich dem Menschengewichte, abwerfen zu können, und man kann unter Berücksichtigung des von der Form des Wurfkörpers abhängigen Luftwiderstandes dessen Durchschlagskraft verändern je nach der Höhe, aus der man dasselbe abwirft. Die zur erwünschten Wirkung nötige Durchschlagskraft wird von der Beschaffenheit des Zieles selbst abhängen.

Ich bin freilich weit entfernt davon, die Hoffnung jener Phantasten nähren zu wollen, die nun meinen möchten, daß nunmehr auch die stark betonierten Unterstände und die Panzerkuppeln gleich durchschlagen werden müßten. Eine Schwalbe macht keinen Sommer und ein derartiges Geschoß zerstört noch nicht solche widerstandsfähigen Ziele, die zudem sehr klein und daher schwierig zu treffen sind. Oben ist auch besonders darauf hingewiesen werden, wie wenig Gewicht für solche Aufgaben bei unseren heutigen Luftschiffen verfügbar bleibt; man könnte also solchen Wurf nicht so oft wiederholen, wie das zum Erreichen einer guten Wirkung notwendig erscheint.

Eine andere, rein aerostatische Frage tritt hierbei hervor, die jeder praktische Luftschiffer zunächst stellen wird: wie verhält sich denn ein Luftschiff bei dem plötzlichen Abwurf von solcher Gewichtsmasse?

Jeder praktische Luftschiffer hat eine große Sorge vor den sogenannten Gleichgewichtsstörungen bei seinen Fahrten. Das Bestreben nach langdauernden weiten Ballonfahrten hat ihn geizig gemacht in der Verausgabung größerer Ballastmassen, die ein Höhergehen und damit infolge der Gasausdehnung unter dem geringeren Luftdruck oben einen Gasverlust zur Folge haben, der unwiederbringlich ist und die Fahrtdauer abkürzt.

Seine praktischen Erfahrungen hierin halten ihn oft so im Banne seiner begrenzten Vorstellungen von der Luftschiffahrt, daß er sich schwer in den Gedanken hineinfinden kann, absichtlich solche Gewichtsmassen abzuwerfen und freiwillig solche Gleichgewichtsstörungen auf sich zu nehmen.

Vielfach hört man und liest man auch von ganz falschen Vorstellungen über die Wirkung solcher Gewichtsabwürfe bei Luftschiffen. Man darf nicht ohne weiteres dieselben Verhältnisse bei letzteren annehmen wie bei den gewöhnlichen kleinen Freiballons. Das ergibt sich schon aus dem fundamentalen Ballastgesetz und der Charakteristik der Luftschiffkonstruktionen unwiderleglich. Das Ballastgesetz belehrt uns, daß jeder Ballon um je 80 m aufsteigt, wenn sein Gewicht um 1% verringert wird.

Nehmen wir beispielsweise einen auf dem Erdboden genau abgewogenen, voll belasteten Wasserstoffballon von 1400 cbm mit 1400 kg Gewicht an, so muß man 14 kg abwerfen, um ihn bis auf 80 m Höhe zu bringen.

Derselbe Ballon, mit Leuchtgas gefüllt und voll belastet, wiegt etwa 980 kg. Mit ihm erreicht man also bereits mit 9,8 kg Ballastabwurf die Höhe von 80 m.

Nehmen wir in Vergleich dazu das Luftschiff des Grafen von Zeppelin. Es wog voll belastet 10200 kg. Demnach konnte erst das Abwerfen von 102 kg Gewicht seine Höhenlage um 80 m ändern.

Diese Zahlen sprechen wohl genügend dafür, wie so ganz andere Verhältnisse bei großen Luftschiffen in Betracht kommen gegenüber denen, die unsere Praktiker bis jetzt allein kennen. Aber noch ein weiteres Moment, das beachtet werden muß, liegt in der Art und Weise, wie jene Gleichgewichtsstörung bei diesen verschiedenen Ballons sich vollzieht.

Der Freiballon von 1400 cbm muß bedeutend schneller in die Höhe steigen als das Luftschiff, denn seine Luftwiderstandsfläche nach aufwärts hat nur eine Größe von rund 150 qm gegenüber 1440 qm, d. h. beinahe des Zehnfachen bei dem Luftschiffe des Grafen von Zeppelin. Man erkennt daraus, welch' eine bedeutende Bremsung beim Abwurf jener 102 kg bei diesem Luftschiff eintreten muß, wie es seine höhere Gleichgewichtslage langsamer einnehmen wird gegenüber dem Abwurf von 14 bezw. 9,8 kg bei dem Kugelballon, die hier bei beiden Fahrzeugen die gleiche Höhendifferenz ergeben.

Ein weiterer Umstand zugunsten des Luftschiffes tritt ein, wenn letzteres sich beim Abwurf in der Fahrt befindet. Hierbei wirkt die Eigenbewegung desselben nebenbei als horizontale Komponente zu der vertikalen der Gleichgewichtsstörung hinzu, so daß im ganzen unter

Hinzurechnung des großen Luftwiderstandes in der Vertikalen für ein Luftschiff die Schwankungen nach dem Abwurf sich in großen Wellenlängen vollziehen werden.

Schließlich kommt noch hinzu, daß man mit den mechanischen Mitteln der horizontalen Flächensteuer bei bewegten Fahrzeugen dem Hohersteigen entgegenarbeiten kann, was dann allerdings auf Kosten der Vorwärtsbewegung geschieht, aber als vorübergehend und daher ganz belanglos angesehen werden muß.

Zusammengenommen ergibt sich also aus vorstehenden Betrachtungen, wie die aerostatischen Gleichgewichtsstörungen, die beim Abwurf von Geschossen eintreten müssen, bei Luftschiffen viel weniger störend sind als bei Freiballons, und daß das gewichtigere Luftschiff hierin jedem leichteren überlegen ist.

Eine weitere sehr wichtige Frage dreht sich um die Treffwahrscheinlichkeit vom Luftschiffe aus.

Hierbei ist zunächst zu unterscheiden, ob das Luftschiff beim Abwerfen des Geschosses über dem Ziele still steht oder in Bewegung ist.

Ein vollständiges Stillestehen eines Luftschiffes über seinem Ziel halte ich in praxi für kaum ausführbar, und das ganz besonders, wenn beim Luftschiff mehrere Motoren hierbei zusammen arbeiten müssen. Windböen geben wechselnde Widerstände und bringen ohne weiteres Hin- und Herbewegungen über dem Zielpunkte. Aber das ist auch gar nicht erforderlich, man kann langsam über das Ziel fahren und beim Visieren nach unten vor der Auslösung des Geschosses rechtzeitig stoppen lassen.

Die Treffsicherheit wird durch die Höhe insofern beeinflußt, als die Ziele mit zunehmender Höhe kleiner erscheinen und die Geschosse länger der seitlichen Abtrift durch den Wind ausgesetzt sind. Was haben wir aber denn für Entfernungen vom Luftschiff herunter. Was sind 500, 1000, 1500, ja ich will sagen 2000 m, um ganz sicher vor dem Herabschießen zu sein, gegenüber den Entfernungen von 4000 bis 6000 m der heutigen Artillerie! Welche Sichtigkeit hat der Richtende vom Luftschiff aus, der durch die Dunstwolke in kleinster Ausdehnung senkrecht hindurchzielt gegenüber dem in horizontaler Richtung hin durch die ganze Dunstbreite durchblickenden Artilleristen! Es kann vorkommen, daß selbst bei Nebelwetter der Luftschiffer sicher seine Ziele trifft, während der Artillerist im Streuverfahren blind seine Munition vergeudet.

Außerdem trägt der Luftschiffer seine Torpedos in das Herz des Gegners hinein, dahin, wo die Schußweiten selbst der vorgeschobenen Geschütze nicht hinlangen.

Zwingt aber die eigene Sicherheit oder zwingen Witterungsverhältnisse dazu, die Geschosse während der Fahrt abzuwerfen, so kommen zum Treffen hierbei lediglich in Frage die Fahrhöhe, die Fahrgeschwindigkeit, der Luftwiderstand des Wurftorpedos und der Abtrieb desselben durch den Wind, alles Größen, die sich an der Hand von Karten und Tabellen schnell bestimmen lassen, um bei Kurshaltung die richtige Abwurfszeit zu kommandieren. Bei genügender Vorbildung und Schulung im Frieden kann man ohne Zweifel auch mit dem Abwerfen im Fluge Erfolge erzielen.

Es ist sehr interessant, daß man unter anderem am 17. und 19. Oktober 1905 in Toul mit dem Lebaudy-Luftschiff das von mir in meinem 1904 herausgegebenen Taschenbuch für Luftschiffer und Flugtechniker zum ersten Male angegebene Verfahren im Herabwerfen von Geschossen tatsächlich probiert hat und daß man mit dem Resultat sehr zufrieden war. Von 400 m Höhe herab warf man mit Blei bis auf 10 kg beschwerte kleine Ballastsäcke herab und traf eine anvisierte Lafette, ein Ziel von 25 qm Fläche; ein zweiter Wurf fiel nicht weit entfernt auf den Wall. Angeblich hatte man im allgemeinen 50°/o Treffer. Sollten diese beiden Schüsse das Treffresultat vorstellen? Der letztere Fall wird von dem Werke de la Cloche berichtet und dabei erwähnt, daß der Abwurf als Gleichgewichtsstörung für das Luftschiff nicht weiter in Frage gekommen ist, weil der Gasverlust für 20 kg Ballast sofort durch den ergiebig arbeitenden Ventilator desselben in 18 Sekunden durch Luftballast ersetzt werden konnte.

Es ist gewiß klar, daß diese Versuche nur ganz bescheidene Anfänge darstellen, aber es ist zugleich von Bedeutung, daß diese Vorstudien zu einer Fortsetzung von systematisch und planmäßig durchgeführten Wurfübungen mit Ballontorpedos vom Luftschiff aus in jeder Weise ermuntert haben. Man wird in Zukunft damit zu rechnen haben!

Über die Einrichtung jener Ballontorpedos selbst läßt sich nicht viel sagen. Sie müssen konstruiert und versucht werden. Je nach den Zielen werden sie schwerer und wirkungsvoller sein müssen. Gegen Luftschiffe selbst können sie sehr leicht sein. Das bleibt Sache der Erfahrung.

Vergessen wir endlich nicht, daß man dem Konstrukteur eines Luftschiffes von vornherein unter anderem auch folgende Aufgabe stellen kann: Das Luftschiff muß 500 kg Gefechtsballast bei sich tragen können, dessen Abwurf die Gleichgewichtslage wenig beeinflussen darf. Bei größeren Luftschiffen ist es nicht schwierig, solcher Forderung zu genügen. Sie stellt ein Mehr von rund 500 cbm Wasserstoffgas vor, das bei der Konstruktion zu berücksichtigen und derart anzuordnen ist, daß es entsprechend den Abwurfgewichten des Torpedos gleichzeitig mit dem Wurf in die freie Atmosphäre entweicht. Wie man genauer abgemessene Quantitäten Gas aus Ballons zum schnellen Abfluß bringen kann, ist an sich eine jedem Luftschiffer bekannte alte Erfindung, die allerdings bisher niemals erprobt worden ist, weil noch kein Bedürfnis zu ihrer Anwendung vorlag.

So glaube ich in vorstehenden Darlegungen der allgemeinen Überzeugung zum Durchbruch verholfen zu haben, daß vom Standpunkt der aeronautischen Technik aus keine unüberwindlichen Schwierigkeiten für das Hinabwerfen größerer Gewichtsmassen von Luftschiffen aus bestehen, und daß man solche Würfe mit Aussicht auf Erfolg militärisch verwerten kann, sobald das Luftschiff im allgemeinen unseren hierbei zugrunde gelegten Voraussetzungen entspricht. Und welches schöne Ziel liegt hierin für die zukünftige Entwickelung der Luftschiffertruppe? Ihr wird die Möglichkeit geboten, eine Angriffswaffe zu werden!

6. Die Verwendung von Luftschiffen im Zukunftskriege.

Meine bisherigen Erörterungen über das Luftschiff gingen von der Gegenwart aus und versuchten von dieser immerhin bekannten und daher sicheren Basis aus die zukünftige Entwicklung zu ergründen. Nunmehr muß ich aber für meine weiteren Betrachtungen ein fertiges Kriegsluftschiff voraussetzen, wie wir es zunächst anstreben. Dasselbe soll 15 m p. s. oder 54 km per Stunde Eigengeschwindigkeit haben, für 10 Stunden Benzin mitführen und nötigenfalls 500 kg Kampfballast in Gestalt von Wurfgeschossen und Torpedos tragen. Alle diese Voraussetzungen liegen innerhalb der Möglichkeit des Erreichbaren, nur der Zeitpunkt, wann sie erreicht sein werden, läßt sich nicht voraussagen. Soviel ist indes gewiß, alle technischen Bedürfnisse für derartige Konstruktionen sind heutzutage zu erfüllen, es handelt sich also lediglich um das Vorhandensein des nötigen Kapitals und um das Arbeiten selbst, das praktische ununterbrochene Versuchen, wenn man wünscht,

Fig. 67: **Projekt einer Landung in England vor 100 Jahren.**
Nach einem alten französischen Kupferstich.

diesen Zeitpunkt der Gegenwart näherzurücken. Die Konkurrenz der Kulturstaaten wird im übrigen zur Entwicklung dieses vorläufigen Luftschiffsideales zwingen (Fig. 67).

a) Die Störung der Mobilmachung.

Luftschiffe sind sehr schnell verwendungsbereit. Das führt zu ihrer sofortigen Benutzung bei Eintritt kriegerischer Ereignisse, um dem Gegner schon bei seiner Mobilmachung möglichst viel Schaden zuzufügen.

Es liegt auf der Hand, daß man den großartigen Organismus der Mobilisierung einer Nation nicht verhindern kann, dazu müßte man eine äußerst zahlreiche Luftflotte besitzen, und bis dahin würde die Gegenpartei eine ebensolche haben, die ihr die Wage halten könnte. Aber man kann planmäßig besonders in den Grenzprovinzen die leitenden Stellen und die Telegraphen- und Verkehrszentren mit Brandstiftung und Zerstörung heimsuchen, man kann sie mit Furcht und Schrecken von oben her so nervös machen, daß vorübergehend, d. h. bis entsprechende Gegenmittel diesen Luftschiffen das Handwerk legen, in größeren Gebieten die Mobilisierung nicht programmäßig durchgeführt werden kann.

Ganz besonders werden größere Grenzfestungen von derartigen Besuchen zur Störung ihrer Armierung überrascht werden. Auch hier wird man zuerst die Wohnungen und Bureaus der leitenden Stäbe aufsuchen und sich bemühen, die mit allen erforderlichen Maßnahmen vertrauten Leitenden selbst mit ihrem Personal baldigst zu vernichten. Außerdem wird man bestrebt sein, die Lagerräume des Kriegsmaterials von oben her in Brand zu setzen.

b) Die Erkundung und Störung des strategischen Aufmarsches der Armeen.

Von großer Bedeutung für das General-Oberkommando ist es, zu wissen, wo sich die Armeen sammeln und in welcher Richtung, auf welchen Straßen sie von dort aus angesetzt werden.

Um hierüber Sicherheit zu erhalten, wird man Erkundungsluftschiffe weit in das gegnerische Land hineinsenden, nach den Gegenden hin, wo man den Aufmarsch der Armeen vermutet oder von Agenten erfährt. Diese Luftschiffe werden zur Vergrößerung ihres Aktionsradius zunächst keine Lufttorpedos bei sich führen, sondern an deren Stelle recht viel Benzin.

Sind die Aufmarschstellen erkannt, so wird zu erwägen sein, ob die Leistungsfähigkeit der Luftflotte es gestattet, schon den Aufmarsch an einer Stelle zu stören. Letzteres geschieht wieder durch Zerstören der Verkehrsknotenpunkte und durch fortgesetzte Behinderung der Wiederherstellungsarbeiten. Sind die Luftschiffe unter Umständen befähigt, Militärzüge während der Fahrt zu begleiten, so käme noch das Bewerfen der Letzteren mit Torpedos in Frage, besonders vor oder besser noch dicht hinter Tunnels, wo gegebenenfalls die stattfindende Entgleisung den Verkehr längere Zeit ausschaltet.

Man wird ferner danach trachten, in den Reihen des Gegners eine moralische Depression hervorzurufen, indem man seine Marschkolonnen begleitet und von oben her fortgesetzt mit kleinen Torpedos bewirft.

Alle diese Aufgaben lassen sich, wenn die Tagesorientierung bei den Luftschiffern einmal vorliegt, auch bei Nacht fortsetzen. Es sind nicht alle Nächte so schwarz, daß man die gewaltigen Menschenmassen einer Armee nicht von oben sichten könnte. Die Nacht bietet zumeist den Vorteil, daß die Winde sich mehr gelegt haben, wodurch die Bewegungsfreiheit der Luftschiffe erhöht wird. Auf das Gehör kann der Kapitän eines Luftschiffes sich nicht verlassen wegen des ununterbrochen lauten Rasselns der Luftschrauben, mit dem die Luftschiffe auch ihre Anwesenheit verraten. Das Gefühl, in der Nacht die lästigen Angreifer fortgesetzt über sich zu haben, wird auf die Dauer auch die bestdisziplinierte Truppe nicht ertragen können.

c) Die Zerstörung industrieller Anlagen im Innern des feindlichen Landes.

Haben die Erkundungsluftschiffe ihre erste Aufgabe (zu b) erfüllt, so wird man ihnen Sonderaufträge erteilen, diejenigen industriellen Anlagen zu zerstören, die das Kriegsmaterial des Gegners ergänzen. Die Aufträge können nur von Fall zu Fall gegeben werden, denn bei dem immerhin begrenzten Aktionsradius muß überlegt werden, ob man sie auch unter den obwaltenden Wetterverhältnissen durchführen kann. Bei der großen Bedeutung solcher Unternehmen wird es häufig nicht darauf ankommen, auf das Wiederkommen jener Luftschiffe selbst von vornherein zu verzichten. Sie werden sich für ihren Zweck aufzuopfern haben. Damit kann man ihre Fahrleistung bis auf das äußerste ausnützen, um weit in das Innere des gegnerischen Landes hinein zu gelangen. Der Luftschiffskapitän wird sich eine Wetterlage für den Fahrtag aussuchen, bei welcher er sich zeitweise vom Winde treiben lassen kann. Ein aufgegebenes, der wahrscheinlichen Vernichtung geweihtes Luftschiff kann bei solchen Maßnahmen, wenn es bei Nacht abfährt, sehr überraschend und unheilvoll auftreten. Es gehört aber ein tüchtiger Kapitän hinein.

d) Das Luftschiff im Bewegungskriege.

Daß bereits das Lebaudy-Luftschiff eine Feldarmee begleiten kann, hat die Versuchsfahrt von Moisson nach Chalons mit den Etappen bei Meaux und La Ferté-Jouarre gezeigt. Eine Begleitung in dieser Weise ist nur dann erforderlich, wenn man glaubt, jederzeit mit dem Gegner zusammenzutreffen. Die Lebaudys haben im übrigen gezeigt und darauf Wert gelegt, daß ihr Fahrzeug auch mit der Bahn verfrachtet werden und in feldmäßigen, leicht und bald zu schaffenden Einrichtungen verwendungsbereit hergestellt werden kann.

Wir stehen also bei Erörterung des vorliegenden Falles wieder etwas auf dem Boden der Gegenwart und der Wirklichkeit. Die Entfernungen bei vorliegender Verwendung sind kleiner, und Ersatz an Benzin und Ballast unter dem Schutze der eigenen Armee ist jederzeit gewährleistet. Also ist auch das heute in mancher Beziehung noch unvollkommene Luftschiff taktisch bereits zu verwerten.

Es wird dabei drei große Aufgaben zu erfüllen haben:

1. Aufklärung über den Gegner,
2. Bekämpfung des Gegners,
3. Störung seiner rückwärtigen Verbindungen.

Wie das Luftschiff vorausfliegend für eine Armee aufklären kann, ist so allgemein einleuchtend und anerkannt, daß darüber kaum noch ein Zusatz erforderlich ist.

Über die Grundsätze der Bekämpfung aber, die teilweise noch mit Zweifeln oder mit großer Zurückhaltung aufgenommen werden, herrscht noch keine Klarheit. Unbedingt richtig ist der Gedanke Julliots, des Erbauers des Lebaudy-Luftschiffes, daß in allererster Linie die Stäbe aufgesucht und vernichtet werden müssen, um die Armee ihrer Leitung zu berauben. Das ist die wertvollste Ergänzung, die die zukünftige Luftschifferwaffe den anderen Waffen der Armee bringen kann!

Die Schlachtenleitung wird sich also in Zukunft nach dem Vorbild des japanischen Marschalls Oyama benehmen müssen. Weit hinter der Front wird sie in unscheinbaren Häusern verborgen sitzen und lediglich mit dem Telegraphen, Funkentelegraphen und Fernsprecher nach Karte und Meldungen arbeiten. Und auch hierbei kann die Vernichtung der unteren Stäbe auf dem Schlachtfelde noch viele Störungen zur Folge haben. Man wird schließlich gezwungen werden, auch diese Stäbe äußerlich so unauffällig wie möglich zu machen.

Bei den vielen Nachteilen aber, die ein derartiges »Verkriechen« der leitenden Stäbe nach sich führen muß, erscheint es mir viel zweckmäßiger, wenn sie sich selbst des Luftschiffes bedienen zur Leitung der Operationen. Eine Befehlsübermittelung nach unten läßt sich unschwer einrichten und die Übersicht, die sich ihnen von oben bietet, beschränkt das häufig nicht ganz verläßliche Meldewesen bedeutend.

Weiterhin werden die Luftschiffe die Verwendung der Fesselballons auf dem Kampffelde unmöglich machen. Hierzu müssen sie mit Vorrichtungen versehen werden, um die Drachenballons für Beobachtung und für Funkentelegraphie im Vorüberfahren aufzuschlitzen. Ist größere Sicherheit vor der Beschießung seitens des Gegners ratsam, weil die Drachenballons verhältnismäßig tief stehen, so wird man mit einem Streuregen ganz kleiner Brandgeschosse sie von oben her zur Explosion bringen. Bei diesen Brandgeschossen wird man in Schwefelkohlenstoff gelösten Phosphor zur Gasentzündung benutzen. Sobald diese Flüssigkeit den Ballonstoff benetzt, entzündet sich der Phosphor nach Verdunstung des Schwefelkohlenstoffes von selbst und führt damit zur Explosion des Ballons. Solche Geschosse können sehr leicht sein und daher in Massen mitgeführt werden. Ein Luftschiff, das auf dem Schlachtfelde noch irgendeinen Fesselballon aufkommen läßt, tut nicht seine Schuldigkeit!

Eine weitere Aufgabe des Luftschiffes auf dem

Schlachtfelde besteht in der Bekämpfung der Artillerie und ganz besonders der schweren Artillerie von oben her, die ihrer gedeckten Aufstellung wegen oft schwer zu finden ist. Bei der durchaus znverlässigen Beobachtung vom Luftschiffe von Höhen aus, in denen letzteres selbst vor Beunruhigungen von unten her ziemlich sicher ist, d. h. in 1500 bis 2000 m, darf man, abgesehen von dem niederdrückenden moralischen Eindruck eines solchen Feindes, darauf rechnen, wenigstens 30 % Treffer zu erhalten.

Die Streuungen ergeben sich aus dem Abtreiben des fallenden Torpedos infolge des Winddruckes, der mit zunehmender Höhe des Ballons und mit dem geringeren Gewichte des Torpedos größer werden muß, aus dem nicht vollkommenen Stillestehen des Luftschiffes über dem Ziele und aus dem scheinbaren Abnehmen der Zielgröße für den Richtenden mit zunehmender Höhe, wodurch das Richten schwieriger wird. Aber es wird von der Friedensvorbereitung und der Übung der Lufttorpeder abhängen, hierin vielleicht noch bessere Resultate zu erreichen, als ich, um mich vor jeglicher Übertreibung zu hüten, hier angenommen habe.

Auf jeden Fall kommt die moderne Organisation der Batterien zu vier Schnellfeuergeschützen, wie sie z. B. die französische Feldartillerie aufweist und vielleicht auch noch von anderen Staaten angenommen werden wird, den Lufttorpedern sehr zustatten. Die schnelle Wirksamkeit des Luftschiffes hat sich durch Verminderung ihrer Ziele von sechs auf vier Geschütze pro Batterie nicht unerheblich gehoben, was bei der in der Luft nur in beschränkter Zahl mitführbaren Munition für die Aeronautik von nicht zu unterschätzender Bedeutung ist.

Der Erbauer des Lebaudy-Luftschiffes, Ingenieur Julliot, übertreibt etwas, wenn er angibt, daß sein

Fahrzeug dreißig Torpedos zu je 10 kg mitführen könne. Er rechnet hierbei fast den ganzen verfügbaren Auftrieb des Ballons als Kampfballast an, was vom praktischen aeronautischen Standpunkte aus falsch ist. Aber wie ich schon oben erwähnt habe, liegt es nicht außerhalb der Möglichkeit, Luftschiffe mit solchem Überschuß an Auftrieb für die nötige Torpedoausrüstung zu erbauen. Ich glaube sogar, daß sich schon mit Torpedos von noch geringerem Gewicht als 10 kg im Feldkriege gute Erfolge erzielen lassen.

Geradezu vernichtend muß aber schon das bloße Erscheinen eines solchen Gegners über der Artilleriestellung wirken, weil das Bewußtsein, ihm gegenüber völlig hilflos zu sein, bald hervortreten muß.

Die Artillerie ist dem Luftschiff gegenüber wohl in der Lage, dasselbe unter gewissen Voraussetzungen seiner Flughöhe und Entfernung wie jedes bewegliche Ziel beschießen zu können. Es besteht aber wegen der Erhöhungsgrenzen der Lafetten das wunderbare Verhältnis, daß das Luftschiff geborgen ist, sobald es der Artilleriestellung nahe genug gekommen ist. Es ist also über der Artilleriestellung, sobald es sich außer Gewehrschußweite hält, vollkommen unverwundbar.

Es wäre aber doch sehr töricht von dem Luftschiffskapitän, der die beste Übersicht über den ganzen Schlachtenplan besitzt, wenn er zur Erreichung seines Zieles durch die Gefahrszone des Artilleriefeuers hindurchfahren wollte! Umgehungen, in diesem Falle, wohl treffender »Umflüge« genannt, und Angriffe vom Rücken her werden ihn der Gefahr, herabgeschossen zu werden, entziehen. Auf jeden Fall würde er die Artillerie des Gegners in dieser Weise zwingen Kehrt zu machen und ihre Geschosse gegen ihn in die Anmarschrichtung der eigenen Armee zu richten, und das ist an sich eine Sache, der man mit Widerstreben folgen würde und nur im Falle der höchsten Not. Umgehungen mehrerer Luftschiffe von mehreren Seiten würden aber eine unheilvolle Verwirrung verursachen können.

Was die Bekämpfung der Infanterie und Kavallerie und der Trains anlangt, so wird solche erst zu allerletzt an die Reihe kommen, wenn noch Munition übrig ist, und man wird sich auf die rückwärts in Sammelformationen liegenden Reserven beschränken.

Einen empfindlichen Schaden kann man dem Gegner zufügen, sobald mehreren Luftschiffen die Aufgabe erteilt werden kann, fortgesetzt die Trains und die Etappenlinien einer Armee zu beunruhigen, durch Brandschatzung der Etappenstationen, durch Störung des Eisenbahnbetriebes nach letzteren und durch Bekämpfung der heranrückenden Munitions- und Lebensmittelkolonnen und der sonstigen für den Armeebedarf erforderlichen verschiedenen Trains.

Man wird ganz besonders eiserne Eisenbahnbrücken, hölzerne Brücken und Schiffsbrücken im Rücken des Gegners immer wieder zu zerstören suchen. Bei steinernen Brücken wird hierzu wenig Aussicht auf Erfolg vorhanden sein.

e) Das Luftschiff im Kampfe um befestigte Stellungen und Festungen.

Die Grundsätze der Verwendung sind genau dieselben wie in der Begegnungsschlacht. Der wesentliche Unterschied liegt nur darin, daß der eine Teil sich von vornherein an einem Orte festgelegt hat in der Erwartung, daß der Gegner ihn dort angreifen muß. Während in der Feldschlacht die beiderseitige Aufstellung der Truppen unter den momentanen Eindrücken erst geschaffen wird, finden wir hier den Verteidiger in einer lange vorbereiteten, wohldurchdachten und bei Festungen außerdem in einer mit schweren Schutz- und Trutzwaffen ausgerüsteten Stellung.

Die Erkundung durch Luftschiffe bietet demnach zunächst dem Angreifer größere Vorteile, weil er durch sie von den Dispositionen des Verteidigers lange Zeit vor dem Angriff genaue Kenntnis erhalten kann, die sich nebenbei durch Ballonphotographien dokumentarisch belegen läßt, was auch die Versuche in Toul bestätigt haben.

Der Angreifer kann danach mit großer Sicherheit seine eigenen Entschlüsse fassen. Der Verteidiger seinerseits wird seine Erkundung weit ausdehnen, um möglichst bald eingehend die Stärke der gegen ihn heranziehenden Truppen und die Art ihrer Artillerie zu erfahren.

Der Kampf des Luftschiffes spielt sich bei befestigten Stellungen in derselben Weise ab, wie in einer Begegnungsschlacht. Bei Festungen, welche in bezug auf den Ersatz ihres Personals und Materials auf ihren durch die Einschließung beschränkten Befehlsbereich angewiesen sind, ist das Luftschiff sehr viel günstiger daran, weil es weniger weite Fahrten zurückzulegen hat, um sein Ziel zu erreichen. Man kann daher erheblich mehr Kampfballast den Kriegsluftschiffen bei Belagerungen und Verteidigungen von Festungen mitgeben.

Es liegt auf der Hand, daß man sich dann in der Lage befindet, ganz systematisch zunächst die vor artilleristischer Beschießung durch Lagerung außerhalb der Schußweiten befindlichen Kriegsvorräte und Lebensmittelmagazine durch Brandstiftung von oben her zu vernichten. Man wird auch die Feuerwehrhäuser mit ihrem Material zerstören, um jeden Versuch der Feuerlöschung zu vereiteln.

Des weiteren sind die Gasometer und die elektrischen Anlagen der Stadt zu zerstören. Hierdurch wird der Verkehr in der Stadt bei Dunkelheit sehr behindert. Auch wird man keine Freiballons mit Brieftauben mehr aussenden können. Schließlich wird die Funkentelegraphie hierdurch beschränkt auf wenige gut gedeckte militärische Anlagen und selbst die Empfänger und Sender wird man voraussichtlich zerstören können.

Eine weitere Aufgabe wird das Inbrandsetzen aller Holz- und Kohlenvorräte und anderer Brennmaterialien der Festung sein. Es werden hierfür besondere Brandtorpedos konstruiert werden müssen, weil z. B. Steinkohlen nicht ohne weiteres leicht anbrennen.

Man wird so den Einwohnern und den Verteidigern die Nahrung und die Mittel zum Kochen ihrer Nahrung und zur Erwärmung im Winter zu entziehen versuchen; ferner wird man dem Verkehr mit Eisenbahnen und anderen Verkehrsmitteln damit die Betriebskraft kürzen.

So wird man sagen können, daß erst nach Einführung von Luftschiffen mit Kampfballast ein Bombardement wirklich Aussicht auf Erfolg haben wird, weil durch sie nicht nur die Einwohner sehr bald in die Schrecken des Krieges hineingezogen werden, sondern auch, weil den Verteidigern ihre rückwärtigen Verbindungen zerstört, ihre Kampfmittel und ihre Lebensmittel bald vernichtet werden können. Es wird auch unter Berücksichtigung der Gesamtwirkung aller Waffen nirgends mehr eine Ruhe geben vor den nervenzerrüttenden, Tag und Nacht ununterbrochenen Kämpfen in der Front und im Rücken.

Nur das Durchschlagen von stark betonierten Decken und von Panzern darf man von Ballontorpedos nicht erwarten. Diese widerstandsfähigen und meist kleinen

Ziele wird man nach wie vor der schweren Artillerie überantworten.

Auch der Verteidiger kann im Beginn der Belagerung von Luftschiffen vorteilhaften Gebrauch machen, indem er die Materialtransporte des Angreifers, das Ausladen und das Einrichten in Depots zu behindern sucht und den Aufmarsch des gegnerischen Angriffs von oben her bekämpft. Aber freilich, diese Störung wird bei dem zur Zahl der Angriffsbewegungen geringfügigen Torpedovorrat einiger Luftschiffe nur eine begrenzte räumliche Ausdehnung erhalten und den Angriff nicht gänzlich behindern. Der Angreifer wird eben mehr auf Nachtarbeit verwiesen werden, wozu die moderne Waffentechnik bei einem aufmerksamen Gegner so wie so bereits genötigt hat.

Schließlich können in der Verteidigung die Luftschiffe zur Aufrechthaltung der Verbindung nach außen von unschätzbarem Werte sein, und sie werden die einzigen noch möglichen Vermittler nach außen bleiben, sobald der Gegner in der Lage ist, die gewöhnlichen Freiballons abzufangen. Voraussetzung bleibt dabei allerdings, daß die Luftschiffe des Angreifers noch in Schach gehalten werden können.

7. Das Luftschiff im Seekriege.

An den Seeküsten herrscht zumeist eine frische Brise, die gewiß dem Arbeiten mit Luftschiffen nicht gerade förderlich ist. Aber diese Brise, welche abwechselnd Land- und Seewind täglich bringt, hat nach der Höhe, wie Beobachtungen ergeben, nur eine Ausdehnung von einigen hundert Metern. Sie stammt vom Wärmeausgleich zwischen der Erde und dem Wasser her, die beide eine verschiedene Wärmeaufnahmefähigkeit besitzen. Die Erde wird schneller warm und schneller kalt; umgekehrt ist es beim Wasser. Daher diese frischen Küstenwinde.

Der Luftschiffkapitän kennt diese Erscheinungen und darum werden Füllung und Abflug seines Fahrzeuges in geschützten, besonders errichteten Hallen, sogenannten Luftschiffshäfen, erfolgen. Es wird noch lange dauern, bis das Luftschiff einen Aktionsradius besitzt, der ihm gestattet, weit über den Ozean hinzufliegen. Wir müssen uns vorläufig auf den Küstenflug beschränken. Damit entfällt zunächst sein Wert für Aufklärung auf weite Entfernungen, wie die Verhältnisse der Marine sie bedingen, es sei denn, daß man Schiffsstationen für Luftschiffe mit in See nimmt, ähnlich den Drachenballonschiffen, welche die schwedische und italienische sowie die russische Marine bei der baltischen Flotte eingeführt haben.

Vermag man Luftschiffe derart über See zu führen, so können sie bei Erkundung gegnerischer Häfen sehr nützlich sein, weil bei klaren Wasserverhältnissen und hellem Meeresgrund von oben her alle Minensperren gut zu erkennen sein sollen. Für unser Wattenmeer in der Nordsee trifft obiges also nicht zu und bei der Ostsee habe ich persönlich bei einer Fahrt über die Lübecker Bucht nicht den Eindruck gewonnen, daß man diesem dunklen Wasser auf den Grund sehen könnte. Vielleicht gehört eine gute Beleuchtung mit Sonnenlicht dazu. Nachgewiesen ist aber, daß die Fahrt von Unterseebooten sich an der Meeresoberfläche durch eigenartige Wellenbildung markiert, die dem Beobachter im Luftschiffe deren Kurs sehr bald und deutlich verrät.

Aber die Hauptaufgabe des Luftschiffes wird auch hier wieder im Angriff zu suchen sein. Im Angriff wird man durch Zerstörung der Werften, der Docks und der im Hafen liegenden Schiffe mit Explosiv- und Brandtorpedos dem Gegner die Lebensadern zu unterbinden suchen.

Es ist ferner bekannt, daß die modernen Linienschiffe am leichtesten von oben her verletzbar sind. Es wird sich also um die Betrachtung der Frage handeln, ob man sie mit unserem idealen Luftschiffe, das 54 km Eigengeschwindigkeit in der Stunde besitzt, verfolgen und von oben her zerstören kann. Diese Frage muß unbedingt bejaht werden.

Nehmen wir für die großen Linienschiffe die hohe Geschwindigkeit von 20 Seemeilen, d. h. 37 km in der Stunde an, so ergibt sich schon hieraus, daß bei Windstille das Luftschiff mit seiner überlegenen Geschwindigkeit das Linienschiff von oben her begleiten kann. Dasselbe ist sogar noch möglich bei einem Gegenwind bis zu 4,7 m in der Sekunde. Denn das Schiff kann nur 10,3 m p. s. fahren, das Luftschiff aber 15 m p. s. Wenn wir nun die gegnerische Flotte von Westen her in die Nordsee fahrend annehmen, so wird die Fahrgeschwindigkeit der Luftschiffe nach Osten hin bei Westwind um diese Windstärke von 4,7 m p. s. noch vermehrt. Das Luftschiff, welches bei Windstille in drei Stunden von Wilhelmshaven nach Kiel fährt, würde mit diesem Zuschuß durch Windgeschwindigkeit Kiel etwa in 1 Stunde 48 Minuten erreichen. Dieser Westwind dürfte also bis zur Stärke von 15 m p. s. = 54 km p. Stde. wehen, und der Luftschiffstyp würde noch fähig bleiben, sich einer feindlichen Flotte im Kurs nach Osten begleitend zu überstellen und mit Aussicht auf Erfolg zu bekämpfen. Erst bei größerer Windgeschwindigkeit sowie durch Stoppen und durch vorübergehendes Rückwärtsfahren der Schiffe kann man die Luftschiffe abtreiben lassen. Letzteren bliebe bei solcher Wetterlage nur übrig, ihren Kurs von vornherein derartig zu wählen, daß sie mit dem Abtreiben den Kurs der Schiffe kreuzen und ihre Torpedos hierbei im geeigneten Augenblicke abwerfen. Ihre größere Beweglichkeit kommt ihnen dabei sehr zustatten. Für den Luftschiffskapitän gehört ein gut Teil Gewandtheit dazu, seine richtige Abfahrzeit und Kursrichtung zu bestimmen, um wirklich bei Wind von 54 km oder bei stärkerem Winde den Kurs der gegnerischen Flotte zu kreuzen.

Den Schiffen andererseits kommt es zugute, daß sie Luftschiffe von weither sichten werden, und das selbst dann noch in hinreichendem Maße, wenn diese sich beim Anfahren möglichst tief über dem Meeresniveau halten. Sie können also bei Kenntnis der Leistungsfähigkeit der Luftschiffe und bei richtiger Beurteilung der Windstärken sich aus deren Wirkungsbereich rechtzeitig herausmanövrieren.

Aber das will gelernt sein!

Auf jeden Fall wollte ich darauf hinweisen, daß die Möglichkeit vorliegt, feindliche Flotten zu begleiten oder im Kurse zu kreuzen und hierbei von oben her mittels Wurftorpedos die Schiffe außer Gefecht zu setzen. Die Gestaltung unserer Küste, auf welcher die jütische Halbinsel sich senkrecht zwischen Nord- und Ostsee aufsetzt, gewährt auch im Falle von Luftschiffshavarien bei dem vorherrschenden Westwinde für Nordseeunternehmungen große Sicherheit. Für den westlichen Teil der Ostsee bieten Fehmarn und Rügen in gleicher Weise einen günstigen Zufluchtsort. Umgekehrt günstig verhalten sich bei Ostwinden jene Inseln und Jütland für Unternehmungen von Memel, Danzig, Swinemünde oder anderen Punkten aus für die Ostsee.

So vermag das ideale Luftschiff eine wertvolle Ergänzung zu bieten für die maritime Küstenverteidigung.

Wenn man demselben nur 5 Torpedos zu je 50 kg zuweist, damit es in Anbetracht größerer Fahrsicherheit über See mehr Manöverballast oder Betriebsmaterial mitnehmen kann, so dürfte das völlig ausreichen. Auch ein Torpedoboot hat nicht mehr Torpedos bei sich. Gegen letzteres vermag das Schiff sich aber bis zu einem gewissen Grade zu wehren, gegen Luftschiffe hingegen sind solche Wehrmittel bis jetzt nicht vorhanden und müssen erst geschaffen werden.

Die Heranziehung von Luftschiffen für diesen Kampf wird ganz besonders verlockend, wenn man dabei bedenkt, welche Werte an Menschenleben und an Kapital sich hier im ungleichen Kampfe gegenüberstehen, worauf bereits Juillot sehr zutreffend hingewiesen hat. Für das Luftschiff Lebaudy genügen drei Mann Besatzung, für das Luftschiff Graf v. Zeppelin sechs Mann. Der Materialwert eines jeden Luftschiffes wird mit 300000 Fr. bezw. 520 000 M. nach den Angaben der Erbauer veranschlagt. Solches Luftschiff ist, in idealer Leistungsfähigkeit gedacht, befähigt, ein modernes Linienschiff im Werte von 36 000 000 M. mit 900 Menschen an Bord zu vernichten.

8. Die Bekämpfung der Luftschiffe durch die Artillerie.

Für alle anderen Waffen kann man es als großes Glück bezeichnen, daß selbst Luftschiffe, wie sie in vorstehendem bereits als Ideale hingestellt worden sind, immerhin auch ihrerseits mit unvorherzusehenden Schwierigkeiten zu kämpfen haben, die sie hin und wieder in die Gewalt ihrer Gegner liefern werden.

Wer aufmerksam die Versuchsfahrten des Lebaudy-Luftschiffes verfolgt, dem wird dabei auffallen, daß es sich bisher nur in den niedrigen Höhen von durchschnittlich 100 bis 400 m bewegt hat. Nur einmal, vor Toul, ist es nach Abwurf von 320 kg Ballast bis zur Höhe von 1370 m über den Meeresspiegel, aber nur 1120 m über seinen Auffahrtsort emporgestiegen und in dieser Höhe 20 Minuten umhergefahren. Es drängt sich einem der Eindruck auf, daß es hier zum ersten Male seine Maximalhöhe praktisch erprobt hat.

Der Grund für diese Erscheinung ist darin zu suchen, daß man sich bisher verständigerweise die günstigsten Bedingungen für die Fahrversuche gesucht hatte, denn tatsächlich nehmen im allgemeinen die Windstärken mit der Höhe zu und besonders schnell bis zur Höhe von etwa 500 m, wie auf Grund der Berliner wissenschaftlichen Fahrten, die durch die Freigebigkeit Seiner Majestät des Kaisers ermöglicht wurden, von Berson nachgewiesen worden ist. Darüber hinaus bis 2500 m verlangsamt sich die Windzunahme. Besonders stark tritt diese Windzunahme bei zyklonaler Wetterlage und bei Westwinden auf, weniger bei antizyklonaler Wetterlage. Bei vorherrschenden Ostwinden findet dahingegen oft gar keine Veränderung des Windes nach oben und ebenso oft sogar eine Abnahme desselben statt. Diese Angaben beruhen auf Beobachtungen von nur 65 Ballonfahrten, sind aber auch durch spätere Beobachtungen bestätigt worden.

Das Luftschiff Lebaudy wollte also gegen den Wind ankämpfend möglichst viel Weg in bezug auf die Erde gewinnen und hielt sich deshalb niedrig.

Auch das ideale Luftschiff mit 15 m p. s. Eigengeschwindigkeit wird sich oft in niederen, der Schußwirkung ausgesetzten Höhenschichten bewegen müssen, um alle seine Aufgaben lösen zu können. Die Gelegenheit, dasselbe zu überraschen und herabzuschießen mit hierfür besonders konstruierten Geschützen wird sich also bieten. Wenn die Gefahr vom Luftschiffskapitän rechtzeitig gemerkt wird und wenn er daraufhin seine Drachenflächen

Fig. 68: **Ballonkanone von Krupp,** in den Jahren 1870/71 verwendet bei der Belagerung von Paris.

plötzlich ansetzt und Luft aus dem Ballonet abblasen läßt, um mit mechanischen Mitteln ohne Ballastverlust sich in eine schußsichere Höhe zu bringen, so kann es ihm passieren, daß er dort oben nicht mehr vorwärts kommt und einen Umweg um den Gegner herum an anderer Stelle versuchen muß. Wenn man diese Lage richtig erkennt, so läßt sich eine Verfolgung leicht einleiten, sobald das Luftschiff bei seinem Vorhaben beharrt. Man muß es verfolgen und darf es nicht zur Ruhe kommen lassen.

Im Jahre 1870/71 konstruierte die Firma Krupp-Essen zur Ballonverfolgung besondere Ballonkanonen (Fig. 68), die auf Wagen montiert waren und ein Kaliber von 3,7 cm hatten. Sie waren damals nicht recht brauchbar, weil es ihnen weder gelang, in der Geschwindigkeit mit ihren Bespannungen den Ballons auf die Dauer nachzukommen, noch mit ihren Geschossen die Fahrhöhen zu erreichen. Nur ein zu niedrig fliegender Ballon, der »Daguerre«, soll am 12. November bei Jossigny (Seine et Marne) von einer Ballonkanone herabgeschossen worden sein. Heute befinden wir uns durch die Automobilindustrie und durch den mit dem Automobilsport oft vereinigten Ballonsport schon in der Lage, einen Ballon und ebenso ein Luftschiff auf weite Entfernungen hin zu verfolgen. Solche Verfolgungen sind besonders in Frankreich, Belgien und Österreich häufig der Gegenstand aeronautisch-automobilistischer Wettbewerbe gewesen.

Heute dürfte man also nur eine ballistisch verbesserte Ballonkanone, auf einen besonders hierfür eingerichteten Selbstfahrer gesetzt, konstruieren, um ein Mittel zu haben, derartige Luftschiffe zum mindesten in Höhen hinaufzuzwingen, die ihren Aktionsradius beschränken. Man darf annehmen, daß man mit einem Geschützkaliber von 5,5 bis 6,5 cm wenigstens Höhen bis auf 1500 m erreichen wird. Daß der Rückstoß nach unten vom Selbstfahrer aufgenommen werden kann, muß bei dessen Konstruktion beachtet werden. Das Luftschiff wird kaum befähigt sein, diesen kleinen, beweglichen und an Schnelligkeit ihm sehr überlegenen Feind selbst bekämpfen zu können.

Das Treffen des Luftschiffes ist allerdings unendlich schwierig. Zunächst gehört ein Sprenggeschoß dazu,

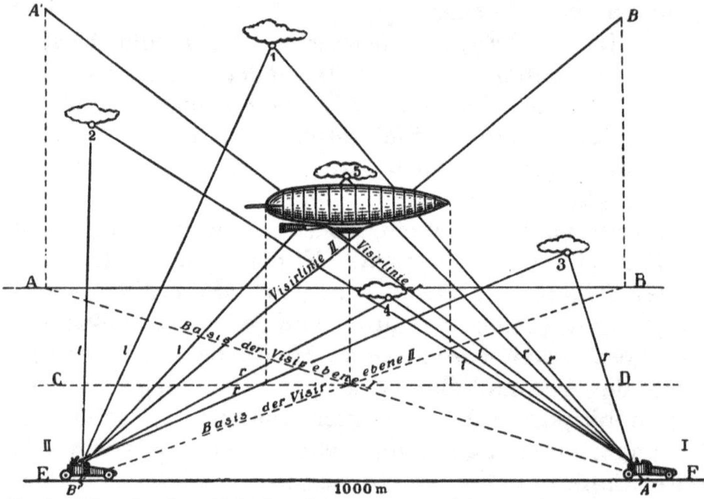

Fig. 69: **Theorie eines Schießverfahrens** von zwei Automobilkanonen gegen ein Luftschiff.

1, 2, 3, 4, 5 sind Sprengpunkte der Geschosse. A, A', A'' = Visierebene des Automobils I. B, B', B'' = Visierebene des Automobils II. A B = Horizont. C D = Projektion des Luftschiffkurses. E F = Weg der Automobile. l = links, r = rechts sind Beobachtungsergebnisse nach den Sprengpunkten hin.

welches eine gute Beobachtungswolke hat und außerdem Brander und Sprengstücke gegen das Luftschiff schleudert. Man muß auf Entzündung des Ballongases und auf Beschädigen der maschinellen Teile hinarbeiten.

Zum Beschießen würde ich die Benutzung von zwei zusammenarbeitenden Ballonautomobilen für eine Möglichkeit halten, bald zu einem günstigen Resultat zu gelangen (Fig. 69). Die Selbstfahrer werden an ihren

Tachymetern in kurzer Zeit nach ihrer eigenen Fahrgeschwindigkeit festgestellt haben, mit welcher Geschwindigkeit das verfolgte Luftschiff fährt. Schwieriger ist es, nach der Höhe das Flugschiff schnell und richtig einzugabeln. Wenn nun beide Selbstfahrer mit gleicher Geschwindigkeit in einem Abstande von 1000 m fahren, darf man annehmen, daß auf guten annähernd geraden Straßen sich dieser Abstand nur unwesentlich verschieben wird. Bei nicht zu schneller Fahrt läßt sich der Abstand nach den Kilometersteinen mit verabredeten Signalen leicht regulieren. Aber schließlich machen einige Meter mehr oder weniger für unser Beobachtungsverfahren in der Praxis nichts aus. Bei der Verfolgung suchen sie das Luftschiff innerhalb ihres Abstandes seitlich parallel zur Kiellienie fahrend einzuschließen. Wenn sie in der Kiellinie des Luftschiffs fahren, ist eine sichere Beobachtung der Schüsse und somit ein Einschießen ausgeschlossen.

Diese beiden Ballonautomobile verfahren nunmehr nach dem jedem Artilleristen bekannten Ballonschießverfahren, indem beide den vorher verabredeten gleichen Punkt anvisieren und die Lage der Sprengwolke des Geschosses zu diesen Visirebenen durch akustische oder optische Signale »rechts« bezw. »links« sich gegenseitig mitteilen. Auf diese Weise läßt sich bald eine Gabel gegen das Luftschiff erschießen, wonach dessen Schicksal sehr bald entschieden sein wird. Diese Beschießung muß im Fahren geschehen können.

Solche leichten Automobilkanonen haben den Vorzug, stets schußfertig und verfolgungsbereit zu sein. Man wird sie auch bei den vorrückenden Feldarmeen in Zukunft mitführen, um sich der Luftschiffe auf dem Marsche zu erwehren.

Aber das Kaliber ist klein, vielleicht ist auch die

Rauchwolke der Geschosse in der Höhe nicht gut erkennbar, die Schußhöhen sind nicht bedeutend; die Automobilkanone bleibt abhängig vom Gelände, und, leicht verletzbar in ihren mechanischen Teilen, läßt sie sich als großer Wagen im Felde schlecht decken; mit Panzerschutz würde sie aber zu schwer werden.

Man wird also noch außerdem zu besonders konstruierten Ballongeschützen schreiten; zweckmäßig lafettierte 10 cm Schnellfeuerbatterien von vier bis

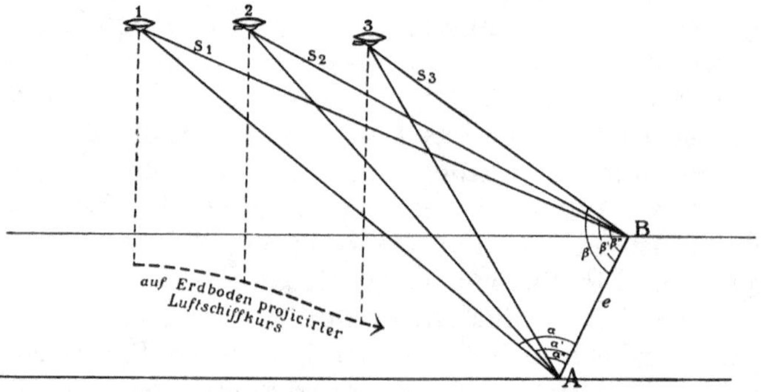

Fig. 70: **Perspektivische Darstellung eines Schießverfahrens** gegen ein Luftschiff aus einer Batterie B mit seitlichem Beobachter A. 1, 2, 3 sind verschiedene gleichzeitig anvisierte Stellungen des Kurses des Luftschiffes.

sechs Geschützen, die in Zwischenräumen auf den Kampffeldern aufgestellt, sich mit ihren bedeutenden Schußweiten an allen Kämpfen beteiligen und im Bedarfsfalle jedes herannahende Luftschiff mit großer Sicherheit herabschießen können.

Dem Schießverfahren (Fig. 70 u. 71) wird man die Winkelmessung nach dem Luftschiff mittels Teodolithen auf Grund einer abgemessenen Basis zugrunde legen. Der eine Teodolith wird die Richtvorrichtung des Geschützes in der Batterie selbst, der andere bei dem durch Fernsprecher mit der Batterie verbundenen etwa 2000 m seitlichen Beobachter sein.

Auf der beigefügten Figur stellt A den seitlichen Beobachter, B die Batterie vor. Das Luftschiff ist in drei Zeitmomenten gezeichnet. Man sieht, daß die Messungen stets auf einer bekannten Grundlinie zwei Winkel ergeben, die auf Grund einer Tabelle sehr schnell die Entfernungen des Luftschiffes von der Batterie ergeben. Bei Eintragung mehrerer Messungen hintereinander projiziert auf einen Plan (Fig. 71) erkennt man auch bald die Fahrgeschwindigkeit des Luftschiffes.

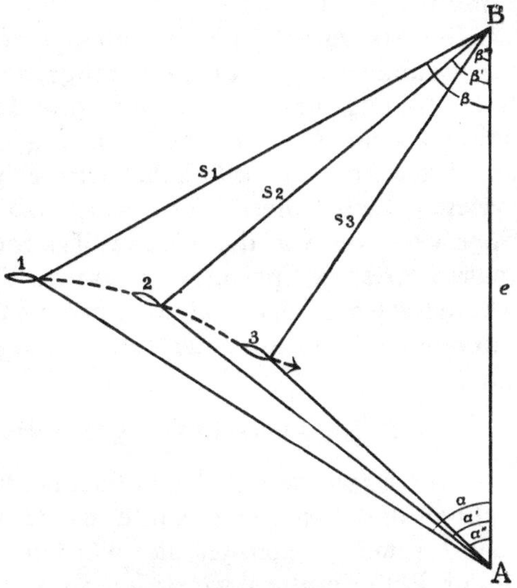

Fig. 71: **Projektion eines Schießverfahrens einer Batterie gegen ein Luftschiff auf einen Plan. B Batterie. A seitliche Beobachtung. 1, 2, 3 sind drei anvisierte Stellungen des Luftschiffkurses.**

Zieht man alles das als Elemente des Schießverfahrens in Betracht, so findet der Batteriekommandeur bald die zutreffende Entfernung, auf der eine Salve das Luftschiff in die größte Gefahr bringen muß.

Erst eine Luftschiffflotte, deren Luftschiffe in breiter Front in verschiedenen Höhen fahren, hat Aussicht, mit geringen Verlusten eine solche Artillerielinie zu überfliegen.

In dieser Weise wird man auch die Armierung der Festungen ausgestalten, um alle ungebetenen Besuche von oben her gebührend empfangen zu können.

Dasselbe Geschütz wird, entsprechend lafettiert, zur Fernhaltung der Luftschiffe in der Marine verwendet werden. Hier könnte auch ein größeres Kaliber noch Einführung finden.

Die 10 cm-Schrapnells geben eine gute Rauchwolke zur Beobachtung, und die Streugarbe ihrer zahlreichen Kugelfüllung sichert uns eine gute Treffwahrscheinlichkeit. Es bedarf nur noch eines genügenden Zusatzes an Brandern, um möglichst die Explosion zu veranlassen. Liegt die Gefahr vor, daß die Kugeln und Sprengstücke auf die eigene Truppe zurückfallen, so müssen brisante Sprenggeschosse mit Branderfüllung verwendet werden, deren kleine Sprengstücke zu leicht sind, um beim Fall auf die Erde Verwundungen zu verursachen.

9. Luftschiff gegen Luftschiff.

Wenn zwei feindliche Luftschiffe sich auf der Fahrt sichten und begegnen, sollte es denkbar sein, daß jemand glauben könnte, sie würden sich nicht umeinander kümmern, es würde eins das andere unbehelligt vorüberfliegen lassen? Wie ist das allem soldatischen Geiste hohnsprechend!

Aber was tun, ist die andere Frage. Bei dem Versuchsstadium, in welchem zurzeit die Konstruktionen von Luftschiffen sich noch befinden, hat man diesem Fall technisch noch nicht näherzutreten brauchen. Es hat sich aber doch mehrfach gezeigt, wie ungeheuer leicht verletzbar die Gasblase des Lebaudy-Luftschiffes ist, und wie überlegen ihr gegenüber das mit starrem Körper konstruierte Zeppelin-Luftschiff dasteht. Ein

Zeppelin-Luftschiff, das, in Fahrt befindlich, die Gasblase des Lebaudy-Typs nur streift, würde dieselbe sofort zum Platzen bringen und somit den Absturz veranlassen.

Den Gedanken an die Möglickkeit eines Kampfes zwischen Luftschiffen sehen heute viele Leute als die verbotenste Phantasterei an. Wahrscheinlich haben sie noch niemals ohne Befangenheit darüber nachgedacht!

Es gibt zwei Arten, sich in der Luft gegenseitig im Vorbeifahren zu vernichten, nämlich den Gaskörper zur Explosion zu bringen, oder ihn mit geeigneter Vorrichtung aufzuschlitzen.

Dabei handelt es sich darum, technische Vorkehrungen zu erfinden, daß solche Angriffe ohne eigene Gefahr für den Angreifer erfolgen können. Man wird beispielsweise niemals mit Gewehren von den Gondeln aus schießen.

Wie schon erwähnt, wird man ganz leichte Geschosse vielleicht mit Phosphorlösung in Schwefelkohlenstoff hierbei benutzen. Man wird diese kleinen Torpedos aus einer Art Windbüchse gegen den Gegner abschießen.

Sehr bedeutsam für den Luftschiffskampf sind die aerostatischen und meteorologischen Verhältnisse. Das Bestreben, dem anderen die Höhe abzugewinnen, kann zur Rettung, braucht aber nicht zum Siege zu führen. Es ist schon erwähnt worden, daß die Windgeschwindigkeiten nach oben zunehmen, und daß, falls nicht mechanische Hilfsmittel, sondern vielmehr Ballastabwurf die Höhenänderung veranlassen, die fernere Manövrierfähigkeit beeinflußt und unter Umständen in Frage gestellt wird.

Was die Winde anbelangt, so wird dasjenige Luftschiff, welches mit dem Winde fährt, dem entgegenkommenden bedeutend überlegen sein. Wenn letzteres nicht rechtzeitig wendet, steigt oder fällt, kann sein Untergang besiegelt sein. Halten beide Gegner ihren Kurs zur Windbewegung unter einen Winkel, so ist derjenige beim Angriff im Vorteil, der dem Winde die Luvseite abgewinnt.

Bei den wenigen Erfahrungen, die uns heute im Luftschiffahren vorliegen, dürften die gebrachten Andeutungen, die dieses Thema nur obenhin berühren, genügen, um zu selbständigem Nachdenken darüber anzuregen.

Schlußwort.

Das »Für« und das »Wider« über die Zukunft des Luftschiffes innerhalb der begrenzten Möglichkeiten, die vorstehenden Betrachtungen zugrunde gelegt wurden, zeigt, daß auch hier Mittel und Gegenmittel sich wohl das Gleichgewicht zu halten vermögen. Es wird also bei kriegerischen Verwickelungen lediglich von der Intelligenz, von den moralischen Eigenschaften, von der Übung und Erfahrung der beiden Gegner abhängen, wer überlegen ist, sobald beide mit diesen Kriegsmitteln versehen sind.

Gefährlich, sehr gefährlich liegen aber die Verhältnisse für denjenigen, der hierin etwas versäumt hat. Für ihn können tatsächlich die Folgen eintreten, welche ich in diesem zweiten Teil in grellen Farben skizziert habe.

Der Umgang mit Luftschiffen und das Schießen aus Ballonkanonen gegen dieselben sind auch zu eigenartig, um sie im Notfalle improvisieren zu können. Sicherer Erfolg kann hierin nur durch gründliche Arbeit und gründliche Vorbereitung gewährleistet werden.

Wenn sich Private finden, die uns hierin mit schweren Opfern ihrerseits als Wegweiser dienen, so sollen wir uns Glück dazu wünschen und ihnen helfen. Leider muß man immer wieder erkennen, daß eine ungeheuerliche Schmähsucht unter den Menschen verbreitet ist, und eine gewisse Sucht nach Schadenfreude bei ihnen geradezu ungeduldig auf mißlungene Versuche und schlechte Nachrichten wartet.

Es fällt kein Meister vom Himmel und auf beiden, auf guten und schlechten Erfahrungen baut sich jedes Menschenwerk auf, das wolle jeder bedenken!

Das Wichtigste bleibt unter allen Umständen, daß wir eine eigene zielbewußte Tätigkeit auch nach den dargelegten Richtungen entwickeln, damit wir uns die Zukunft selbst gestalten und nicht von ihr gemodelt werden.

Naturwissenschaftliche Elementarbücher.

1. **Chemie** von H. E. Roscoe, Mitglied der königlichen Gesellschaft in London. Deutsche Ausgabe, besorgt von F. Rose, Professor der Chemie an der Universität Straßburg. Mit 36 Abbild. und einem Anhang von Fragen und Aufgaben. 7. Auflage. Gebunden 80 Pf.
2. **Physik** von Balfour Stewart, Professor der Physik in Manchester. Deutsche Ausgabe, besorgt von E. Warburg, Präsident der Physikalisch-technischen Reichsanstalt zu Charlottenburg. Mit 48 Abbildungen und einem Anhang von Fragen und Aufgaben. 6. verbesserte Auflage. Gebunden 80 Pf.
3. **Astronomie** von Norman Lockyer, Mitglied der königlichen Gesellschaft in London. Deutsche Ausgabe, besorgt von A. Winnecke. Durchgesehen von E. Becker, Prof. und Direktor der Kais. Univ.-Sternwarte zu Straßburg. Mit 47 Abbildungen. 7. durchaus umgearbeitete, verbesserte und vermehrte Auflage. Gebunden 80 Pf.
4. **Physikalische Geographie** von A. Geikie, Prof. der Geologie an der Universität Edinburgh. Deutsche Ausgabe, besorgt von Oskar Schmidt, weiland Prof. an der Universität Straßburg. Nach der neuesten englischen Ausgabe bearbeitet von Georg Gerland, Prof. der Geographie an der Universität Straßburg. 5. Auflage. Mit 21 Abbildungen und einem Anhang von Fragen und Aufgaben. Gebunden 80 Pf.
5. **Geologie** von A. Geikie. Deutsche Ausgabe, besorgt von Oskar Schmidt. Mit 47 Abbild. und einem Anhang von Fragen und Aufgaben. 6. Auflage. Gebunden 80 Pf.

6\. 7. **Tierkunde** von A. Goette, Professor der Zoologie an der Universität Straßburg. Mit 65 Abbildungen. 2. durchgesehene Auflage. Gebunden M. 1.60

8. **Botanik** von A. de Bary, weiland Prof. an der Universität Straßburg. Neu herausgegeben von H. Graf zu Solms-Laubach, Professor an der Universität Straßburg. Mit 43 Abbild. 5. unveränderte Auflage. Gebunden 80 Pf.
9. **Mineralogie** von Karl F. Peters, Prof. der Mineralogie und Geologie an der Universität Graz. Mit 46 Abbild. Durchgesehen von H. Bücking, Professor der Mineralogie an der Universität Straßburg. 4. unveränderte Auflage. Gebunden 80 Pf.
10. **Physiologie** von M. Foster, Professor an der Universität Cambridge. Deutsche Ausgabe von J. Rich. Ewald,

FSC
www.fsc.org
MIX
Papier | Fördert
gute Waldnutzung
FSC® C083411

Kolibri 360 GmbH
Ferdinand-Jühlke-Straße 7
99095 Erfurt, Deutschland
produktsicherheit@kolibri360.de